跨学科语文创意作业2

主　编：何　捷
副主编：谢晓丽
执行主编：黄倩平　张晓洁
插画绘制：林　威

山东城市出版传媒集团·济南出版社

图书在版编目（CIP）数据

跨学科语文创意作业 . 2 / 何捷主编 . -- 济南 : 济南出版社， 2022.8

ISBN 978-7-5488-5177-6

Ⅰ . ①跨… Ⅱ . ①何… Ⅲ . ①小学语文课—教学参考资料 Ⅳ . ① G624.203

中国版本图书馆 CIP 数据核字（2022）第 139723 号

跨学科语文创意作业 2 上册　　何 捷 主编

出 版 人：田俊林
图书策划：李圣红　董慧慧
责任编辑：董慧慧　陶　静
封面设计：八　牛
插画绘制：林　威
版式设计：张　倩
内文排版：刘欢欢
出版发行：济南出版社
地　　址：济南市二环南路 1 号
邮　　编：250002
印　　刷：济南新先锋彩印有限公司
成品尺寸：185mm × 260mm　16 开
印　　张：13.5
字　　数：112 千
版　　次：2022 年 8 月第 1 版
印　　次：2022 年 10 月第 1 次印刷
书　　号：ISBN978-7-5488-5177-6
定　　价：39.00 元（上下册）

序言

“双减”后的周末，“出去疯”还是“家里蹲”

2021 年 7 月，国家出台文件，“双减”政策正式落地。2022 年 4 月，《义务教育语文课程标准》颁布，提出“跨学科学习”任务群。

两件大事的发生，让我们不得不思考——

“双减”后的周末，作业如何设计？学生怎么做？是“出去疯”还是“家里蹲”？

答案非常明确——“出去疯”。

理由也很充分：首先，“出去疯”才有可能强身健体，而体力是人最核心的后盾；其次，“出去疯”，更重要的是感受自然，让大自然成为学生最亲近的老师；最后，出去疯还有一个重要意图，让学生融入社会，体验风物人情。

“跨学科学习”这一任务群，也会在这样的学习方式转变中，得以分期实施，逐步完成。

为此，我和团队的小伙伴为 1-6 年级的同学们，专门设计了这套书。伴随着这套作业，小学 1-6 年级的同学们，将度过童年美妙的“浪漫”时光。

这原本就是小学阶段应有的“浪漫”，也是人成长的“必经阶段”。

英国哲学家怀特海在他的《教育的目的》演讲中，早就为我们划定了 12 岁之前的“浪漫阶段”。如今，“双减”政策落地后，让社会、大自然成为一种全新的学校样态，让同学们从反复的机械式刷题和为考试而学的漩涡中解脱出来，让未来我们需要的接班人健康成长。

未来，国家建设更需要的是健康、健全、健美的人。如果长大后依然四肢无力、头脑发达，我们就难以更好地实现人生目标；如果长大后只能够解题，而不懂应用，我们也就难以承担重任；如果长大后非常冷漠、自私，不能体察人间冷暖，

我们就更难以与人合作，共创未来。

在基础教育阶段，“出去疯”吧，释放应有的生活空间，感受多姿多彩的世界，让自然成为神奇的教育力量，让我们在更多渠道获得成长。国家的未来，不能由巨婴、啃老族组成；国家的未来，需要孩子健康、野性、儒雅、强壮、理性。所以，请不要让“双减”后的周末，再对“刷题”恋恋不舍，让我们一起走出家门，走进自然，走向社会。

这里的“疯”，专指——让人着迷的实践活动。这里的“出去”利用的就是周末时间，带有两个含义：其一，尽可能在户外活动；其二，让父母与子女协同出行。“出去疯”成为我们设想中真正的“大语文”教育新生态。

我们为不同年级提供了相应的活动指南。在《跨学科语文创意作业》的设计系统中，周末的创意是分学段进行的：第一学段（1-2 年级）注重阅读与亲近自然；第二学段（3-4 年级）注重阅读与亲近科学；第三学段（5-6 年级）注重阅读与亲近艺术。

低年级，指向对自然的感受，让学生走进果园，走进山中，去到小溪边，来到沙地上，仰望星空，观望小鱼，凝视远山与白云，让自然调和与温润学生的童心，感受到生活的美好。

中年级，更期待向往科学，能够在一个个有趣的小实验中体会科学的奥秘，开启探索之旅，发现文明历程中一个又一个奇迹。这可能是当代小学生最缺乏的素养，也正是未来建设者与接班人最需要具备的素质。我们建议语文老师，更应该在科学素养的培植上具有国际视野，有格局、有情怀，让学科融合在中年级成为学习的主要方式。

高年级，学生长大了，变得沉默、稳重、深刻了。于是这个时候，我们推荐的是艺术修养，让学生更多感受音乐、舞蹈、绘画、民间艺术，以及各种不同的文明样态，让学生更多走进博物馆，走进音乐厅，走进艺术画廊……与人类最精致的表达形式相伴。

同时，三个学段都加强了“阅读”这一关键的作业，这不是“负担”，而是必须的“承担”。

本书中的每一篇，都按照“做中学”的结构设计。即先进入最具创意的“活动过程”，之后结合活动体验，进入“学习过程”，完成相关的作业。“活动过程”匹配上文所述的基本方向；学习过程则遵循《义务教育语文课程标准》对不同学段的学习目标而设计，同时参考布鲁姆的教育目标分类学中“认知层级分类”理论，对完成作业进行不同层级的设定。这样的设计理念，不让作业出现重复训练、徘徊在低级层面的状态。同时，学生在运用知识解决不同问题的过程中，各部分有整体性的贯通，有助于将新知识融入原有的认知体系。学习过程和活动过程紧密配合，学生在真实的情境中创造性地解决问题，在活动过程中不断调用元认知策略对学习进行调控，希望完成这样的作业系统后，更多学生可以达到“专家学习”的程度。

当然，“出去疯”很容易产生误解——难道周末就要疲于奔命？

不，“出去疯”要和“家里蹲”相融合。学生走出户外充分实践之后，我们也希望他们回到家能在父母的陪伴与引导下，静下心来，平稳情绪，沉着而执迷地将所见所闻、所思所想进行总结与梳理。让反思与沉淀成为学习的常态。

实践之后，我们设计了有趣的、适合不同年级的创意语文作业，让语文学科的听、说、读、写四大能力，与之前的活动体验相结合，让学生的语文学习水平得到真正的提升。这就是“跨学科语文创意作业设计”的基本内核。

美国学者杜威先生最早提出的“做中学”——在充分实践后，在沉迷的学习中，在切身体验里，进行自我反思与总结，进行适当的练习，将所有的知识与亲身感受，个人实践内化为个体的全新经验。这就是我们这套神奇的书在做的事。

“跨学科语文创意作业”为学生打通了一个新的学习路径，建设了一种能够自我提升的自由学习模式。相信这样的学习对学生是最为有益的，也是“双减”政策之后周末的全新作业样态全新的学习模式。

特别感谢全国“两基迎国检”工作先进个人——谢晓丽校长为此书付出的辛勤工作。感谢参与编写的团队伙伴们，按照参与的年级，我们逐一列出他们的名字。这些都是富有创意的老师哦：

一年级

文小荷、林威、戴亚真、林莹莹、魏淑华、蔡玉婷、林瑜婷、李文静、陈佳明、姜明明、林铮、黄美琴。

二年级

黄倩平、张晓洁、刘昕、邱玉萍、陈妙娟、宋妍霖、李扬、李萌、陈冠妃、黄紫璇、林海榕、吴婷、董欣。

三年级

殷霞、吴振芬、池少凡、程燕芳、王棽、司琪格、张萧洋、刘倩倩、张海燕、何静。

四年级

吴瑕、邱雨林、蒲乐洋、颜琳、游伟、张海燕、吴郑亚、陈学蓉、郑子豪、李煌。

五年级

黄莺、陈粮宜、邱雨林、陈焱、潘倩、李明霞、曾雅麟、陈雪芹、颜琳、吴梁红、黄颖俐、陈玲玲、贾俊娇。

六年级

林代尉、刘露、李洪昌、胡凯利、郑子豪、陈炜琦、阮艺蓉、付吓梅、袁艺方、陈欣、林慧、何桂云、李琳琳、黄莺。

好啦。但愿这套《跨学科语文创意作业》能伴随着同学们度过特别有意义的周末，带来语文学习与众不同的快乐。

何　捷

目录

目录

云朵的魔法

天空中的云朵像一位魔法师，不停地施展着魔法，有时形状变了，有时颜色变了，变幻无穷，让人目不暇接。让我们一起观察"云朵的魔法"吧！

活动过程

活动项目：看云朵

活动场所：空旷处或家中阳台

活动时长：15 分钟

和爸爸妈妈一起，认真地看一看：云朵的样子。

和爸爸妈妈说一说：云朵是什么形状的？它们分别像什么？

想一想：云朵里有什么？

也可以问一问爸爸妈妈：云朵为什么会变来变去？

学习目标：

1. 能对观察云朵产生兴趣。

2. 能展开想象，主动发问。

学习项目：

【项目作业一】阅读与鉴赏

和爸爸妈妈一起朗读这首有趣的童谣吧！

wèn bái yún
问白云

mín jiān tóng yáo
民间童谣

bái yù bān de yún duǒ nǐ wèi shén me bú xià lái
白玉般的云朵，你为什么不下来？
rú guǒ nǐ xià lái le xuě shan bú jiù duō le yí zuò ma
如果你下来了，雪山不就多了一座吗？

bái yù bān de yún duǒ, nǐ wèi shén me bú xià lái?
白玉般的云朵，你为什么不下来？
rú guǒ nǐ xià lái le, mián huā bú jiù fēng shōu le ma?
如果你下来了，棉花不就丰收了吗？

★好书推荐★

看一看绘本：《躺在草地上看云朵》（周旭 / 文、图）

【项目作业二】表达与交流

听爸爸妈妈讲一讲《仰望云朵》。请你听完后，把故事讲给家人、好朋友听。

仰望云朵

抬头仰望天空，静静地看着美丽的云朵在空中自由自在地飘动，会使我的心情像云一样轻松。

天空中的云，千姿百态，变化万千，你一不留神，它就会施展魔法，变成另外一个样子，让你找不到它。它慢慢地移动，有的变成一床大棉被，有的变成奔腾的白马，还有的变成香甜的棉花糖……

看！离我最近的那朵云，它好像一只雄鹰，在空中尽情地翱翔；再看，遥远天边的云，像一座白色的宫殿，云在宫殿的四周铺开一张张洁白柔软的地毯，仿佛在邀请人们到宫殿里聚会。

傍晚的火烧云，甚是美丽，它和白天的云彩不同，它是大红、暗红、绯红或金黄色的，光亮耀眼，在天边慢慢地延伸开来，一团团，一簇簇，浓浓烈烈，像火一般燃烧在天际，随后便浩浩荡荡地红透了整个天空，宛若一幅水彩画挂在天边。

人们都期望火烧云出现在傍晚，因为在民间有一句谚语“早烧阴，晚烧晴”，意思是，如果早晨的时候有火烧云就意味着这一天是阴天，如果在傍晚出现火烧云就意味着明天是晴天。

云，变幻无穷；云，神秘莫测；云，美不胜收……我喜欢仰望天上的云朵。

和爸爸妈妈聊一聊：

人们为什么期望火烧云出现在傍晚？

【项目作业三】梳理与探究

请说一说小鸟飞到云朵上可能会发生什么事。请你展开想象，把想到的画一画。

识字补给站

1. 圈出“项目作业一”的童谣中不认识的字，试着自己拼读准确。

2. 积累和“云朵”有关的成语。

kāi yún jiàn rì 开云见日　wū yún mì bù 乌云密布　guò yǎn yún yān 过眼云烟

xiǎng chè yún xiāo 响彻云霄　yún dàn fēng qīng 云淡风轻

蒲公英的旅行

在夏季，我们常常会在公园里看到那蜷缩成一个个小绒球似的蒲公英。一阵风吹过，蒲公英四处飞散，让我们一起去看看吧！

活动项目：观察蒲公英

活动场所：公园

活动时长：15 分钟

和爸爸妈妈仔细地看一看：蒲公英的样子。

轻轻地摸一摸：蒲公英的花瓣。

和爸爸妈妈说一说：蒲公英的形状、颜色以及它摸起来的感觉。

想一想：蒲公英沾水后会变成什么样？

也可以问一问爸爸妈妈：蒲公英的生长过程是怎样的？

学习过程

学习目标：

1. 能仔细观察，了解蒲公英。
2. 能展开想象，主动发问。

学习项目：

【项目作业一】阅读与鉴赏

和爸爸妈妈一起朗读这首有趣的诗歌吧！

pú gōng yīng
蒲 公 英

bái sè pú gōng yīng, sì chù liú dào yǐng.
白色蒲公英，四处流倒影。
xiǎo xiǎo jiàng luò sǎn, chí táng shuǐ miàn yìng.
小小降落伞，池塘水面映。
xīn zhōng yǒu mèng xiǎng, yào biàn bù cǎo píng.
心中有梦想，要遍布草坪。

gāo shān zuò wǎn liú　quán shuǐ sòng dīng níng
高山做挽留，泉水送叮咛。
fēi ya fēi ya fēi　lái dào lǜ shù lín
飞呀飞呀飞，来到绿树林。
lín zhōng yǒu xiǎo niǎo　hé biān yǒu xiǎo jìng
林中有小鸟，河边有小径。
shí guāng rú xì shā　huǎn huǎn de liú jìn
时光如细沙，缓缓地流尽。
lín zhōng de xiǎo jìng　kāi mǎn pú gōng yīng
林中的小径，开满蒲公英。

★好书推荐★

看一看绘本：《蒲公英》（胡木仁/文　周娜/绘）

【项目作业二】表达与交流

听爸爸妈妈讲一讲《蒲公英的旅行》。请你听完后，把故事讲给家人、好朋友听。

蒲公英的旅行

雪一样的蒲公英，洁白无瑕，是希望的代表，有顽强的生命力，在狭小的石缝中生根发芽。

蒲公英渐渐地长大了。一天，她对风伯伯说："风伯伯，您可以带我去外面的世界看看吗？"风伯伯高兴地说："当然可以啦！"只见风伯伯对着蒲公英吹了一口气，蒲公英就开启了美好的旅行。

瞧，一阵风吹过，领着她，来到灰不溜秋的角落。“啊，这儿不适合我！”她悲伤地说。就这样，一天，两天，三天，时间在流逝。她在肮脏的灰尘中度过了一个又一个漫漫长夜……后来，风伯伯又轻轻一吹，蒲公英又随风飘荡。

听，“哗啦啦，哗啦啦，哗啦啦……”蒲公英被带进了一条清澈见底的小溪里。“哦，这儿太潮湿了，不适合我。”她有些不满，但是又无可奈何。

看！小溪流淌，领着她，来到繁华的城市，观赏壮阔的海洋，去往朴实无华的村庄，聆听小鸟的歌唱，感受清风的温暖。她经过一片绿油油的草地，草地上有三五成群的牛羊，有挂满苹果的果树，还有芬芳的花草、晶莹的露珠以及甜甜的蜂蜜……

“啊！我要在这儿扎根！”是的，她要在这儿扎根，为这美丽的土地，雄伟壮观的山河，自然悠闲的快乐，温暖柔和的阳光。她要让自己洁白无瑕的种子和迷人挺拔的身姿，遍布更多的地方，为这个世界增添几分美景。

和爸爸妈妈聊一聊：

蒲公英都是飞到了哪些地方？最终选择在哪里扎根？为什么？

【项目作业三】梳理与探究

摘一朵蒲公英，对着吹一吹，说一说看到了什么。想想蒲公英的种子可能会飞到哪里、遇见谁、发生什么事。

识字补给站

1. 圈出“项目作业一”的诗歌中不认识的字，试着自己拼读准确。

2. 积累描写“蒲公英”的词语。

suí yù ér ān　suí fēng piāo dàng　màn tiān fēi wǔ
随遇而安　随风飘荡　漫天飞舞

fēn fēn yáng yáng　màn shān biàn yě
纷纷扬扬　漫山遍野

太阳的“忠实粉丝”

“头戴黄色帽，身穿绿色袄；生的孩子多，向着太阳笑。”你知道这是说的什么植物吗？没错，就是向日葵。它为什么总是对着太阳笑呢？让我们一起去了解一下吧！

活动过程

活动项目：观察向日葵

活动场所：花园或向日葵园

活动时长：15 分钟

和爸爸妈妈一起，在同一位置拍摄早晨、中午、傍晚三个时间段的还没盛开的向日葵，看一看向日葵的朝向。

和爸爸妈妈说一说：照片中三个时间段的向日葵发生了什么变化？

想一想：向日葵花看起来像什么？

也可以问一问爸爸妈妈：向日葵花的方向为什么会因为太阳而变化？

学习过程

学习目标：

1. 能认真观察向日葵，对向日葵跟着太阳转的原因产生兴趣。

2. 能乐于表达自己的想法。

学习项目：

【项目作业一】阅读与鉴赏

和爸爸妈妈一起朗读这首有趣的古诗吧！

kè zhōng chū xià
客中初夏

sòng sī mǎ guāng
［宋］司马光

sì yuè qīng hé yǔ zhà qíng，nán shān dāng hù zhuǎn fēn míng。
四月清和雨乍晴，南山当户转分明。
gèng wú liǔ xù yīn fēng qǐ，wéi yǒu kuí huā xiàng rì qīng。
更无柳絮因风起，惟有葵花向日倾。

★好书推荐★

看一看绘本：《向日葵》（[日]荒井真纪/文、图　黄锐/译）

【项目作业二】表达与交流

听爸爸妈妈讲一讲《有趣的向日葵》。请你听完后，把故事讲给家人、好朋友听。

有趣的向日葵

向日葵模样十分可爱。它的叶子又大又宽，就像一把绿色的扇子一样，拿它扇风，凉快极了。它的花朵看起来圆圆的、黄黄的，像个小太阳。仔细观察后，你会发现，它的花朵四周是鹅黄色的花瓣，中心是棕黄色的花芯，花芯是一些密密麻麻的小格，就像围棋的棋盘格一样，相互交错着。

向日葵还很神奇，它会跟着太阳不停地转。早晨，它露出笑脸，第一个迎接从东方升起的太阳；中午，它昂起脸庞，和太阳正面打招呼；傍晚，向日葵又露出笑脸，欢送从西方落下的太阳。你知道这是为什么吗？我来告诉你吧！这是因为向日葵的茎部含有一种奇妙的植物生长素。这种生长素非常怕光，一遇光线照射，生长素就会跑到没有光的一面去，同时它还刺激没有光的一面的细胞迅速繁殖，所以没有光的那面生长就快一些，被阳光照射的那一面生长就慢一些，这就使向日葵产生了向光性弯曲。更有意思的是，向日葵花盛开后，便不再围绕太阳转动，而是固定朝向东方了。这是因为，向日葵的花粉怕高温，如果温度高于30℃，就会被灼伤。如果固定朝向东方，恰好可以避免正午阳光的直射，避免伤害。

和爸爸妈妈聊一聊：

为什么向日葵花盛开后就不会围绕太阳转动了？

【项目作业三】梳理与探究

请你准备超轻黏土、卡纸、画框等，先和爸爸妈妈说一说向日葵的花、茎、叶的颜色和形状，再看一看下列作品，用上相应颜色的黏土捏一捏你心中的向日葵吧！

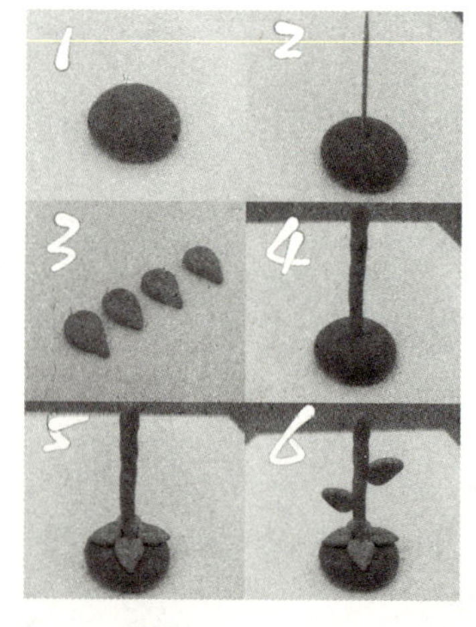

识字补给站

1.圈出“项目作业一”的古诗中不认识的字，试着自己拼读准确。

2.积累形容“向日葵”的词语。

gāo gāo zài shàng　shēng jī bó bó　yǒng bù dī tóu
高高在上　生机勃勃　永不低头

áng shǒu tǐng xiōng　kuí huā xiàng rì
昂首挺胸　葵花向日

镰刀武士

“身穿绿衣裳，肩扛两把刀。庄稼地里走，害虫吓得跑。”这就是威武的镰刀武士——螳螂。在天朗气清的日子里，约上家人、朋友一起探寻螳螂的奥秘吧！

活动过程

活动项目：观察螳螂

活动场所：草丛、农田或树林里

活动时长：15 分钟

和爸爸妈妈一起，认真地看一看：螳螂的样子。

和爸爸妈妈说一说：螳螂是什么样子的？

想一想：螳螂的前腿有什么用处？

也可以问一问爸爸妈妈："螳螂捕蝉，黄雀在后"是什么意思？

学习过程

学习目标：

1. 能对观察螳螂产生兴趣。
2. 能展开合理想象，试着主动发问。

学习项目：

【项目作业一】阅读与鉴赏

和爸爸妈妈一起读一读这首有趣的古诗吧！

huà cǎo chóng bā wù táng láng
画草虫八物螳螂

sòng lǐ gāng
［宋］李纲

piāo piāo lǜ yī láng nù bì yù dāng zhé
飘飘绿衣郎，怒臂欲当辙。
jūn wáng qiú yǒng shì jiā ěr néng zhàng jié
君王求勇士，嘉尔能仗节。

★好书推荐★

看一看绘本：《螳螂的日记》（高洪波/著　赵光宇/绘）

【项目作业二】表达与交流

听爸爸妈妈讲一讲童话故事《我是一只小螳螂》。请你听完后，把故事讲给家人、好朋友听。

我是一只小螳螂

郑灵薇/创编

当一只小螳螂好不好？我的伙伴们都说："当一只螳螂一点儿都不好。"

我们蹦蹦跳跳的时候，一定要看准地方，不然有可能被顽童装进瓶子里，成为他们的玩物。一不留神，我们会跌进很臭很臭的泥潭里，被熏得头昏眼花。其实，那泥潭只是水牛拉的一坨粪便。孩子们都喜欢小巧玲珑的黄雀，但没有螳螂会喜欢黄雀，我们一不小心，就会变成他们的盘中餐啦！那可不得了！

不过，我觉得当一只小螳螂还真不错。早上醒来，我在一望无际的田野上跳跃，喝着清甜的露水，幸运的话，捕捉到蝉，便可大快朵颐，多美妙呀！如果能小心翼翼地跟上蒲公英，风伯伯就会带着我们驶向很远的地方游山玩水。这感觉真是妙不可言哇！

我有很多小伙伴，每一个都特别有意思。如果走在河边你一定要格外小心，别被青蛙撞伤，他们只顾着埋头抓蚊子，从来不看路。蜘蛛特别贪吃，总想把我一口吞掉，幸好他不会像我一样跳跃。有些虫子家族脾气不太好，比如大黄蜂，每次我说“黄蜂大叔，下午好”，他总想蜇我一下。

我喜欢当一只小螳螂。当我很快乐的时候，会使劲挥舞我的大刀，哼着欢快的小曲儿，所以，当你看到树上有一片移动的“绿叶”，就一定能找到我！

和爸爸妈妈聊一聊：

当一只小螳螂好不好？“我”和“我”的小伙伴分别是怎么认为的？

【项目作业三】梳理与探究

看一看下图的步骤，做两个可爱的螳螂小摆件，想一想这两个小螳螂之间会发生什么有趣的对话，试着编一编有趣的故事吧！

1. 先将衣夹涂满绿色颜料，晾干。

2. 再将扭扭棒弯曲，做成螳螂的肢体。

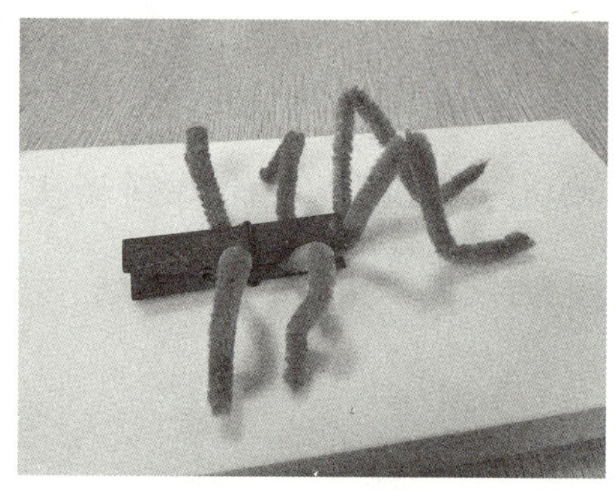

3. 接着用强力胶粘上螳螂的四肢。

4. 最后粘上触须和眼睛。大功告成。

识字补给站

1. 圈出“项目作业一”的古诗中不认识的字，试着自己拼读准确。

2. 积累和“螳螂”有关的四字词语。

táng láng jù zhé 螳螂拒辙　táng láng bǔ chán 螳螂捕蝉　táng láng huáng què 螳螂黄雀

táng láng fèn bì 螳螂奋臂　hè shì láng xíng 鹤势螂形

花生赞

“麻屋子，红帐子，里面住着个白胖子。”你猜，这是什么好吃的？今天就让我们一起来认识既好吃又有用的花生。

活动过程

活动项目：观察花生，品尝花生

活动场所：农田

活动时长：15 分钟

和爸爸妈妈到农田里：找一找花生的果实，看一看花生的样子。

尝一尝：花生米的味道。

和爸爸妈妈说一说：花生和花生米分别是什么样的？花生米的味道怎么样？

想一想：你在生活中见到过哪些花生制品？

也可以问一问爸爸妈妈：花生的生长过程是怎样的？

学习目标：

1. 能认真观察花生，了解花生的用途。
2. 能乐于表达自己的想法。

学习项目：

【项目作业一】阅读与鉴赏

和爸爸妈妈一起朗读这首古诗吧！

yú gǔ cí　qí sì
渔鼓词·其四

míng　xú wèi
［明］徐渭

dòng tíng jú zi fú qiàn líng，cí gū xiāng yù luò huā shēng。
洞庭橘子凫芡菱，茨菰香芋落花生。
lóu táng jiǔ huáng sān bái jiǔ，cǐ shì lǎo rén gǔ dǒng gēng。
娄唐九黄三白酒，此是老人骨董羹。

★好书推荐★

看一看绘本：《花生米样的云》（王晓明 / 著）

【项目作业二】表达与交流

和爸爸妈妈一起读一读《花生赞》，试着把这个故事分享给同学或者朋友。

花生赞

花生穿着麻衣服，摸起来粗粗的，长得不算好看。剥开外壳就能看见藏在里面的红艳艳又圆滚滚的花生米，花生米吃起来酥脆醇香，不少人都爱吃。

相传在很早以前，花生也跟扁豆一样悬吊在秧子上。有个孩子每天都要到花生地里驱赶乌鸦。他勤奋好学，但是为了保护花生只好整天在地里来回奔忙，根本无法读书。他认真的精神感动了山神，山神就给了他一块宝石，让他埋在地里。他用手将宝石埋了下去，生长在秧子上的花生忽然都藏到地下，再不受乌鸦的啄食。可是他的十个手指却因为挖坑都流血了，所以花生仁的外皮是红色的。

在闽南，花生在人们心中有着特别重要的地位。花生寓意美好，“好事花（发）生”“早生贵子”，所以在闽南嫁娶一定少不了花生，人们会将花生做成各种花样的喜糖，用大红的纸张包起来，一担又一担充满喜气的花生糖挑到新娘家，那是幸福的展示。把喜糖分给左邻右舍、亲朋好友，那是幸福的分享。在爱的展示和分享中，每一颗花生在人们的口齿间留香，仿佛就是它赠予新人最真诚的祝福。

花生不仅可以制成各种好吃的食物，还可以榨油，花生油特别香，用花生油做的菜能增加不少风味。榨油后的花生渣还可以当燃料或者肥料，真是一点儿也不浪费。据说，花生还有很好的药用价值，它能滋养补益，有助于延年益寿，有大量蛋白质和脂肪，人们又叫它“长生果”。花生熬汤吃，不仅可以治脚气，还可以止血。而且它对眼睛也有一定的好处，这使得花生更受人们喜爱了。

原来小小的不起眼的花生有这么大的价值！读到这儿，你喜欢花生吗？

和爸爸妈妈聊一聊：

文中提到花生有哪些用途？

【项目作业三】梳理与探究

看一看下面这幅画中的花生壳变成了什么。请你准备卡纸、剪刀、胶水、花生壳和颜料，像创作这幅作品的小朋友一样试着做一做手工画，再说一说你画中的情景是什么样的。

识字补给站

1. 圈出“项目作业一”的古诗中不认识的字，试着自己拼读准确。

2. 积累描写“花生”的词语。

huā shēng mǎn lù　　mào bù jīng rén　　mò mò wú wén
花生满路　貌不惊人　默默无闻

wú sī fèng xiàn　　pǔ shí wú huá
无私奉献　朴实无华

圆圆灯笼挂满枝

“小灯笼，圆又圆，青黄衣，挂满枝。小月牙，挤又挤，灯笼里面全是你。”聪明的小朋友，你认识这个“小灯笼”吗？我们来仔细瞧瞧它吧！

活动过程

活动项目：观察橘子

活动场所：果园

活动时长：15 分钟

在爸爸妈妈的带领下，仔细地看一看橘子的样子。

再剥一剥、尝一尝橘子：品味橘子果肉的味道。

和爸爸妈妈说一说：橘子的颜色、形状和味道。

想一想：橘子一般生长在什么地方？

也可以问一问爸爸妈妈：一条条白白的橘子络有什么功效？

学习过程

学习目标：

1. 能留心观察橘子，口头表达自己的观察所得。
2. 对事物有好奇心，能提出问题并与他人交流。

学习项目：

【项目作业一】阅读与鉴赏

和爸爸妈妈一起读一读这首词吧！

huàn xī shā yǒng jú
浣溪沙·咏橘

sòng sū shì
［宋］苏轼

jú àn hé kū yí yè shuāng xīn bāo lǜ yè zhào lín guāng zhú lí máo shè chū qīng huáng
菊暗荷枯一夜霜。新苞绿叶照林光。竹篱茅舍出青黄。

香雾噀人惊半破，清泉流齿怯初尝。吴姬三日手犹香。

★好书推荐★

看一看绘本：《橘子》（[日]中川李枝子/著 [日]山胁百合子/绘 林静、李薇/译）

【项目作业二】表达与交际

听爸爸妈妈讲一讲《小绿橘历险记》。请你听完后，把故事的内容讲给家人、好朋友听。

小绿橘历险记

“轰隆隆，轰隆隆……”大卡车发动了。一大早，在枝头沉睡的我被一只手用力一拽，掉进一个大筐，然后和其他同伴一起被抬上卡车。躺在卡车上看着果园越来越远，连一点树的踪影都不见了，我忽然害怕起来。我赶紧向四周张望，我的哥哥姐姐们都皮肤金黄，光泽诱人，肚子圆滚滚的，自在地躺着，只有我还是小小的，皮肤青绿。

“怎么这么痒？”一只小虫在我的身体上爬来爬去。他很小，只有一粒芝麻那么大，我要是一滚动就能压死他。我忍不住喊出声：“走开，臭虫子！小心我一起来把你压扁。”然而，小虫不仅不离开，还趴在我身上探出鼻子使劲嗅。“小橘子，别嚣张，你皮肤这么绿，味道又淡，肯定不好吃,没有主人会要你的。”小虫说着又往我的身上钻，“你就老实待在筐里吧！”我气急了，不禁担心了起来。

很快，我们就被送到了城里。我的哥哥们个头很大，皮肤黄澄澄的，大家都争着抢着带走他们。我的姐姐们香味浓郁，水分最足。我的哥哥姐姐们有的被带到果汁厂，变成好喝的橘子果汁；有的被带到罐头厂，成了诱人的橘子罐头；有的去了糖果厂，变成甜甜的橘子糖果……

我安静地在筐底待了好几天，一动不动，有时也有一缕阳光透过缝隙洒在我身上。阳光来了，又走了，然后又来了，又走了，过了不知道多少天，我的身上好像也有了姐姐们那样浓郁的香味，我的皮肤颜色更深了，可是没有哥哥们那样的鲜亮光泽，渐渐有些干枯了。我失落地想:我大概要在这里待到腐烂了，我可真没用呀。

“王大夫，就剩这几个小橘子了，时间久就没水分了，卖不出去，你拿去把皮留下晒干用吧。”“哐”的一声，还在黑暗中默默难过的我忽然被扔进袋子里，一个穿着白色大褂的老人把我带走了。我没了水分的果肉被老人剥出来炖水，而已经成熟发黄的皮被晒在老人的大竹筐里。一天又一天，秋天过了，冬天过了，我变得又干又皱，老人却没有扔掉我。直到又一年秋天到了，晒了整整四季的我才被老人放进一个写着“陈皮”的四四方方的小药匣里。每当有咳嗽的病人进来，老人就会把我取出来。我和其他药材一起在热水里“咕噜咕噜”地洗澡，一天又一天，病人的咳嗽声就渐渐地消失了……

和爸爸妈妈聊一聊：

橘子有哪些用途呢？

【项目作业三】梳理与探究

请你准备小刀、勺子、橘子、蜡烛，看一看操作步骤，在爸爸妈妈的指导下，自己动手做一做小橘灯。再跟爸爸妈妈说一说：你想用小橘灯照亮哪里呢？为什么？

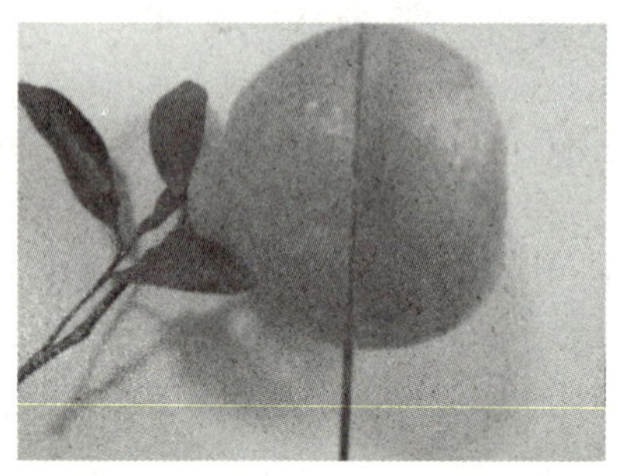

1. 用小刀沿橘子中间轻轻划开。

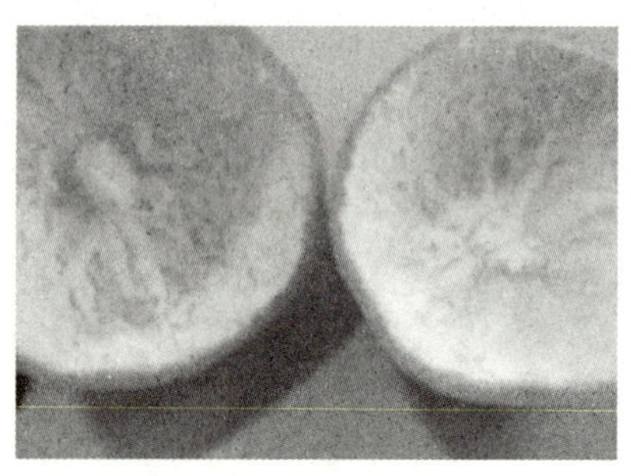

2. 用勺子沿刀口分离橘皮与橘肉。

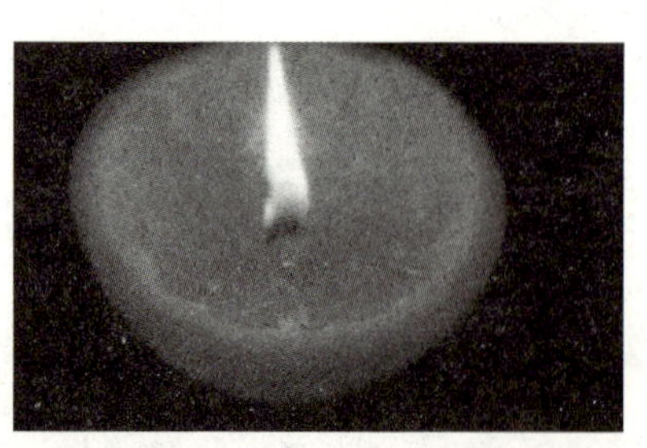

3. 在橘皮正中放入蜡烛。

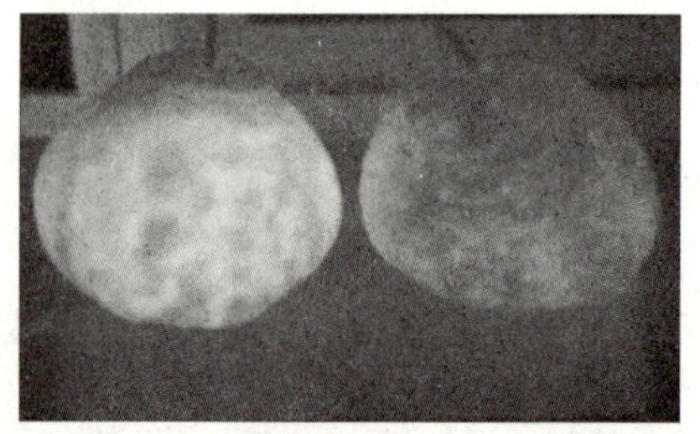

4. 盖上另一半橘皮。

识字补给站

1. 圈出“项目作业一”的古诗词中不认识的字，试着自己拼读准确。

2. 积累与“橘”有关的四字词语。

chéng huáng jú lǜ　　nán jú běi zhǐ　　jú huà wéi zhǐ
橙黄橘绿　南橘北枳　橘化为枳

yú huái zhī jú　　huái jú wéi zhǐ
逾淮之橘　淮橘为枳

香香的桂花

“金灿灿，银闪闪，一到中秋香气散。”你知道这是哪一种植物吗？是桂花。中秋节前后，桂花开得最是迷人，香飘四溢。来吧，让我们一起去欣赏桂花。

活动过程

活动项目：观赏桂花

活动场所：小区或公园

活动时长：15 分钟

和爸爸妈妈一起，认真地看一看：桂花的样子。

闻一闻：桂花的味道。

和爸爸妈妈说一说：桂花的颜色、大小、形状和气味。

想一想：桂花像什么？

也可以问一问爸爸妈妈：桂花可以用来做什么？

学习过程

学习目标：

1. 能细心观察桂花，亲近自然。

2. 能展开合理的想象，大胆表达自己的感受。

学习项目：

【项目作业一】阅读与鉴赏

古人笔下的桂花是什么样子的？和爸爸妈妈一起朗读诗句吧！

yǒng guì
咏桂

sòng yáng wàn lǐ
［宋］杨万里

bú shì rén jiān zhǒng　yí cóng yuè zhōng lái
不是人间种，移从月中来。
guǎng hán xiāng yì diǎn　chuī dé mǎn shān kāi
广寒香一点，吹得满山开。

★好书推荐★

看一看绘本：《奇妙的中国植物》（顾有客、陈超群、陈惊鸿 / 著　李赞谦 / 绘）

【项目作业二】表达与交流

听爸爸妈妈讲一讲神话故事《吴刚伐桂》。请你听完后，把故事讲给家人、好朋友听。

吴刚伐桂

相传在汉朝的时候，有一个叫西河的地方发生了瘟疫，死了许多人。

有一名小伙子叫吴刚，他的母亲也病倒了。吴刚心急如焚，日日为母亲煎药，可母亲却丝毫不见好转。一日，他做了一个梦：黄袍仙人告诉他，月亮上有一座月宫，月宫前有一棵桂树，用它所结的桂花泡水喝，保管药到病除。

吴刚醒来后，立即向村里的老人打听去往月宫的方法。老人们告诉他：八月十五那天，在西山的山顶会出现一个天梯，顺着天梯上去就能到月宫。到西山，要渡七道深涧，要攀七处悬崖。吴刚历尽艰险，终于赶在八月十五晚上登上了西山山顶，赶上了通向月宫的天梯。

吴刚顺着香气来到桂花树下，看到满树的小黄花，他抑制不住激动的心情，立马动手采摘。他心想：多摘一点，多摘一点就能救更多的乡亲。摘啊摘，后来摘得太多，他实在抱不了了，便拼命摇动桂树，桂花纷纷飘落，掉到了西河中。顿时，河面清香扑鼻，河水被染成了金黄色，人们喝了河水，病果真好了！

仙官发现月宫神树的花儿一朵都没有了，连忙报告给玉帝。玉帝听后勃然大怒，派仙客去人间把吴刚抓来。

吴刚原原本本地说了整件事情后，玉帝的气儿消了一大半，打心眼里喜欢这个勇敢、正直的年轻人。

他叹了一口气，对吴刚说："死罪可免，活罪难逃。就罚你在月宫做苦工赎罪。赐你一把大斧，什么时候能砍倒桂树，你便可以回家。"

吴刚满心欢喜地道谢，接过斧头便大砍起来，想快点砍倒桂树。谁知，他每砍一刀，被砍的地方立即合拢了。几千年来，就这样随砍随合，这棵桂树永远也砍不倒。

直到现在，吴刚还在日夜不停地砍着。每当中秋月圆之夜，抬头望月，仔细看，还能隐约看到他挥刀砍树的影子呢！

和爸爸妈妈聊一聊：

吴刚为什么要砍桂树？他成功了吗？

【项目作业三】梳理与探究

和爸爸妈妈一起做一做桂花香囊：捡一捡树下的桂花，用清水洗一洗、去除杂质，再放在通风处晾干，最后装进可拉绳束口的小布袋，就算大功告成了。说一说：桂花香囊会把谁引来？它们会说些什么？

识字补给站

1. 圈出“项目作业一”的古诗中不认识的字，试着自己拼读准确。

2. 积累描写“桂花”的四字词语。

dān guì piāo xiāng　mì mì má má　xiāng qì pū bí
丹桂飘香　密密麻麻　香气扑鼻

xiǎo qiǎo líng lóng　qìn rén xīn pí
小巧玲珑　沁人心脾

红艳迷人的火龙果

“远看似绣球，近观像火焰。中间来一刀，豆腐嵌芝麻。”你知道这神奇的水果是什么吗？它就是——火龙果。让我们一起了解红艳迷人的火龙果吧！

活动过程

活动项目：观察火龙果

活动场所：水果店、超市、火龙果园

活动时长：15 分钟

和爸爸妈妈一起，认真地看一看：火龙果的样子。

尝一尝：火龙果的果肉。

和爸爸妈妈说一说：火龙果表皮的形状、颜色和味道。

想一想：火龙果为什么会叫这个名字呢？

也可以问一问爸爸妈妈：火龙果树长什么样？

学习过程

学习目标：

1. 能对观察火龙果产生兴趣。
2. 能展开合理想象，试着主动发问。

学习项目：

【项目作业一】阅读与鉴赏

和爸爸妈妈一起读一读这首有趣的儿歌吧！

huǒ lóng guǒ zhī gē
火龙果之歌

huǒ lóng guǒ, zhǎng de qiào. pī hóng páo, dǐng lǜ mào.
火龙果，长得俏。披红袍，顶绿帽。

bāo kāi qiáo, sài mǎ nǎo. wèi dào miào, yíng yǎng gāo.
剥开瞧，赛玛瑙。味道妙，营养高。

★好书推荐★

看一看绘本：《小牛顿科学大世界》系列之《红艳迷人的火龙果》（《小牛顿科学大世界》编委会 / 著）

【项目作业二】表达与交流

听爸爸妈妈讲一讲故事《火龙果的自述》。请你听完后，把故事讲给家人、好朋友听。

火龙果的自述

骆家和 / 创编

“紫色树，开紫花，紫色果果盛芝麻。”这说的就是我，人见人爱的火龙果。

我的祖先来自中美洲热带雨林地区。我长相奇特，常常穿着火红的外套，衣服上镶嵌着黄绿相间的鳞状花萼，腆着椭圆的大肚子，远远望去就像一团燃烧的火，正冒着绿色的火焰在风中摇曳，近看又像竖着一根根小刺须的刺猬。当我们成排挂在树上的时候，犹如一条飞舞的火龙，威风凛凛。

剥去我紫红色的外袍，露出我又白又嫩的果肉，果肉里还夹杂着一粒粒黑芝麻一般的籽儿，星星点点。仔细品尝一口，嗯，鲜嫩多汁，丝丝清凉沁入舌尖，像鸭梨一般清甜。

我会穿着三种不同颜色的外衣，红色、白色和黄色。我的内心有时洁白如雪，有时又火红似霞。别看我个头小小，我可浑身都是宝，人送外号“长寿果”。我还有“仙蜜果”“玉龙果”等别称呢。我不但可以美白养颜，还可以排毒护胃、降火气、防止血管硬化呢。我体内含有丰富的营养，有蛋白质、膳食纤维、维生素C等，还有大量果肉纤维和丰富的胡萝卜素。怎么样？是不是很厉害？

亲爱的同学，如果你想和我见面，就请到水果店来找我哟！

和爸爸妈妈聊一聊：

火龙果有哪些别称？它都有哪些营养价值呢？

【项目作业三】梳理与探究

请你看一看下面的火龙果拼盘，试着摆一摆自己喜欢的果盘造型，再和大家说一说：你都用上了哪些水果？你是怎么拼的呢？你会给你的创意果盘取什么名字？

①

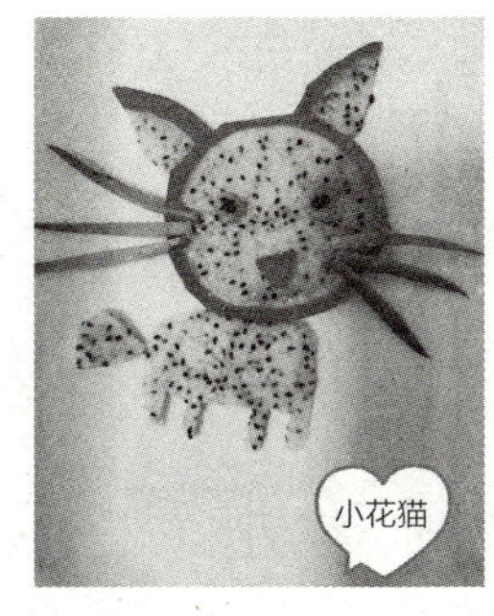

②

③

识字补给站

1. 圈出“项目作业一”的儿歌中你不认识的字，试着自己拼读准确。

2. 积累形容“火龙果”的四字词语。

shuò guǒ léi léi 硕果累累　guǒ féi zhī tián 果肥汁甜　hóng guǒ mǎn zhī 红果满枝

jīng yíng tī tòu 晶莹剔透　xiān hóng yóu liàng 鲜红油亮

空中水帘

“日照香炉生紫烟，遥看瀑布挂前川。飞流直下三千尺，疑是银河落九天。”《望庐山瀑布》的诗句，大家一定不陌生。让我们一起去欣赏瀑布的美吧！

活动过程

活动项目：观察瀑布

活动场所：公园或风景区

活动时长：15 分钟

和爸爸妈妈一起，仔细地看一看：瀑布的样子。

听一听：瀑布流泻的声音。

和爸爸妈妈说一说：瀑布的样子和水流的声音。

想一想：瀑布的源头在哪里？

也可以问一问爸爸妈妈：世界上最大的瀑布在哪里？叫什么名字？

学习过程

学习目标：

1. 能留心观察，对瀑布感兴趣。
2. 能展开想象，愿意表达。

学习项目：

【项目作业一】阅读与鉴赏

和爸爸妈妈一起朗读这首流传至今的古诗吧！

pù bù
瀑布

táng shī jiān wú
［唐］施肩吾

huō kāi qīng míng diān，xiè chū wàn zhàng quán。
豁开青冥颠，泻出万丈泉。
rú cái yì tiáo sù，bái rì xuán qiū tiān。
如裁一条素，白日悬秋天。

★好书推荐★

看一看绘本：《尼亚加拉瀑布之旅》（[意]杰罗尼摩·斯蒂顿/著）

【项目作业二】表达与交流

听爸爸妈妈讲一讲《瀑布与小溪》的寓言故事。请你听完后，把它讲给家人、好朋友听。

瀑布与小溪

瀑布和小溪是邻居。每天水花激溅的瀑布从岩石上直冲而下，十分壮观。小溪在山脚仅仅隐约可见，骄傲的瀑布看不起小溪，常常奚落他。

这天，瀑布从山崖上一泻千里，他得意地对溪水说："瞧，我这磅礴的气势，多么令人震撼呀！你这样小，水这么少，也好意思待在我的旁边！"

"不管水大还是小，水多还是少，我们都是让别人欣赏的。"小溪谦逊地回答。

瀑布听完，愤怒地吼道："和你在一起我感到耻辱，你算什么东西！"

"何必这样说呢？"小溪说，"我们还是和平共处吧，没什么好争的！"

“不可能，你快给我消失！”

“不好意思，来我这里的游客总是很多。”

“住嘴！”瀑布恼羞成怒，“你怎么敢和我相提并论？他们根本不懂得欣赏我的美。”

小溪温和地回答：“你的确很美，可人们更希望身体健康，为了治病，他们总是喜欢到我这里泡一泡。”

瀑布听完陷入了沉思：原来外表的美只能取悦人的眼睛，而内在的美却能帮助他人，快乐自己。从此瀑布和小溪和谐相处，他们更远近闻名了。

和爸爸妈妈聊一聊：

你喜欢文中的“瀑布”吗？说一说理由。

【项目作业三】梳理与探究

山涧很美，瀑布很美！下面是小朋友创编的瀑布童谣，瀑布还会变成什么？快和你的好朋友说一说，也可以尝试编一编童谣。

瀑布变身记

杨宁 / 文

玩滑梯的时候，
我像瀑布一样俯冲。
洗鼻子的时候，
海盐水像瀑布一样流下。
妈妈洗完澡的时候，
头发像瀑布一样浓密。
我和爸爸妈妈在一起的时候，
快乐像瀑布一样喷发！

瀑 布

罗煜睿 / 文

远看像滑梯，
一群身穿白衣的小朋友，
在山崖上欢快地冲下来，
它们嬉笑着，打闹着。
近看像屏风，
一串串珍珠织成的白布，
连接着苍穹和大地，
遮住了山涧，遮住了林木。

识字补给站

1. 圈出“项目作业一”的古诗中不认识的字，试着自己拼读准确。

2. 积累和“瀑布”有关的成语。

yí xiè qiān lǐ	cóng tiān ér jiàng	fēi zhū jiàn yù
一泻千里	从天而降	飞珠溅玉
zhèn ěr yù lóng	fēi liú zhí xià	
震耳欲聋	飞流直下	

多彩的落叶

秋天到了，树叶离开了大树，落到地面上。地面像是铺上了一层彩色的地毯，十分好看。让我们一起去看看多彩的落叶吧。

活动过程

活动项目：捡树叶

活动场所：小区或者公园

活动时长：15 分钟

和爸爸妈妈一起，找一找：自己最喜欢的几片落叶。

捡起落叶仔细看一看：不同树叶的样子。

和爸爸妈妈说一说：这些叶子颜色怎么样，形状像什么？

想一想：叶子飘落的时候会想些什么？

也可以问一问爸爸妈妈：叶子为什么会脱落呢？

学习过程

学习目标：

1. 能对观察叶子产生兴趣。
2. 能展开想象，主动发问。

学习项目：

【项目作业一】阅读与鉴赏

和爸爸妈妈一起朗读这首古诗吧！

luò yè
落叶

táng kǒng shào ān
［唐］孔绍安

zǎo qiū jīng luò yè，piāo líng sì kè xīn。
早秋惊落叶，飘零似客心。
fān fēi wèi kěn xià，yóu yán xī gù lín。
翻飞未肯下，犹言惜故林。

★好书推荐★

看一看绘本：《落叶跳舞》（[日]伊东宽/文、图　蒲蒲兰/译）

【项目作业二】表达与交流

听爸爸妈妈讲一讲《再见了，大树》。请你听完后，把故事讲给家人、好朋友听。

再见了，大树

秋天到了，树叶黄了，叶子依旧挂在树上。大树亲吻叶子，说："小树叶，你怎么还不落下呀？"

叶子说："大树，大树，我落下了，你就光秃秃了。"

大树摸了摸叶子，说："光秃秃也是我的一种姿态，我觉得也很漂亮。"

叶子说："我如果离开了你，你就是孤零零的了。"

大树叹了一口气，说："叶子，虽然我舍不得你，但是你的离开是必然的。你落下后，就会回到大自然，慢慢地分解成我的养料。来年春天，你就又长出来啦！我会等你的。"

叶子难过地说："大树，即使我落下了，我还会一直围在你的身边，谁也不能把我们分开。"

“有句古诗说得好——‘落红不是无情物，化作春泥更护花’，谢谢你，叶子，谢谢你这么久的陪伴，这份情，我会一直铭记于心的。”

突然，一阵风吹过，叶子依依不舍地落下了……

和爸爸妈妈聊一聊：

叶子落下后会去哪里？

【项目作业三】梳理与探究

请和爸爸妈妈一起捡一捡落叶，再像创作这些作品的小朋友一样做一做树叶剪贴画。做完后，说一说你的剪贴画做的是什么，并编一编有趣的故事吧！

识字补给站

1. 圈出“项目作业一”的古诗中不认识的字，试着自己拼读准确。

2. 积累和“落叶”有关的成语。

yí yè zhī qiū　　luò yè guī gēn　　qiū fēng luò yè
一叶知秋　落叶归根　秋风落叶

xī fēng luò yè　　rú zhèn luò yè
西风落叶　如振落叶

你好，龟先生

龟先生，它可是不简单！在古代社会，人们非常崇拜龟这种动物，认为它象征着长寿、吉祥。在唐代武则天当政期间，兵符由虎符改成了龟符，五品以上官员都要佩戴龟袋。是不是很有意思？跟我一起去了解乌龟吧。

活动过程

活动项目：观察乌龟

活动场所：花鸟市场或池塘边

活动时长：15 分钟

和爸爸妈妈一起，认真地看一看：乌龟的样子。

敲龟壳，看乌龟的反应。

和爸爸妈妈说一说：乌龟的样子，轻敲龟壳后的反应。

想一想：乌龟生活在哪里？

也可以问一问爸爸妈妈：

乌龟喜欢吃什么东西？

学习过程

学习目标：

1. 能细心观察乌龟，爱护小动物。
2. 能展开合理的想象，大胆表达自己的感受。

学习项目：

【项目作业一】阅读与鉴赏

古人笔下的龟又是怎样的？和爸爸妈妈一起朗读诗句吧！

guī
龟

sòng zhāng lěi
［宋］张耒

yìng rì yàng qīng yuān, yán shā bào xuán jiǎ.
映日漾清渊，沿沙暴玄甲。
ài ěr qiān suì zī, cáng shēn yī lián yè.
爱尔千岁姿，藏身一莲叶。

★好书推荐★

看一看绘本：《乌龟一家去看海》（张宁 / 著）

【项目作业二】表达与交流

听爸爸妈妈讲一讲《玄龟和应龙》的故事。请你听完后，把故事讲给家人、好朋友听。

玄龟和应龙

相传在舜帝晚年，洪水成灾，咆哮的江水掀起一次又一次的洪峰，吞噬了一个个村庄、一片片良田。

鲧被委以重任治理洪水。他采用堵的方法，筑起大堤试图拦截洪水，可是，洪水根本堵不住，老百姓苦不堪言。

鲧的儿子禹接过了治水的任务，继续与洪水做斗争。大禹仔细观察水情后，决定采用疏的方法，让洪水泄下去。

禹还从天帝那里拿到了息壤——这是一种能够不停生长的土壤，是治水的利器。有了息壤，分水泄洪的时候，把它往水里一扔，再猛烈的洪水也会乖乖平静下来，绝不会伤害沿岸的人家。

息壤只有巴掌那么大，却重达万钧，没有人能驮得动。这可如何是好？大禹正在发愁，刚才还寂然无声的水面突然出现了漩涡，一道道水纹从漩涡中心扩散，接着漩涡下陷得愈发厉害，如同万马在奔腾。突然，一只通体红黑的巨龟破水而出，它的脑袋像鸟，拖着一条长尾巴。

“河神派我前来相助！”来者是水里的神兽——玄龟，哑哑的声音好像是有人在砍木头。

玄龟告诉大禹，自己可以去驮息壤。不过，泄洪还得另请高明。大禹思考后，请来了应龙。应龙是天上的神龙，曾经帮助黄帝战败蚩尤，粗壮的龙尾足以开凿泄洪通道。

应龙长着一双大翅膀，能在天空飞翔。应龙腾在空中，瞄准了大禹说的水道位置，用巨尾在大地上一划，一条宽阔的水道就开凿好了。遇到山洪暴发或者河堤决口，玄龟就衔着息壤从天而降，吐一点在洪水里，马上就会积成高山，长成大堤。

在应龙和玄龟的帮助下，大禹顺利地平息了洪水，大地又恢复了往日的安宁、祥和。

和爸爸妈妈聊一聊：

鲧和禹的治水方法有什么不同？禹能平息洪水，是得到了谁的帮助？

【项目作业三】梳理与探究

和爸爸妈妈一起做一做创意小龟吧。

准备卡纸、气泡膜、水粉颜料、水粉笔、剪刀和玩具眼睛。用气泡膜剪出椭圆形的身体，贴在卡纸上，涂上绿色的水粉。蘸黄色的水粉，画出小龟的四肢、尾巴和脑袋。最后，将玩具眼睛贴在小龟的脑袋上。看，一只可爱的小龟诞生了。说一说：小龟准备去哪儿玩？会遇到谁？又会发生怎样的故事呢？

识字补给站

1.圈出“项目作业一”的古诗中不认识的字，试着自己拼读准确。

2.积累描写“龟”的四字词语。

tiě jiǎ xiān fēng 铁甲先锋　néng qū néng shēn 能屈能伸　hān tài kě jū 憨态可掬

màn tiáo sī lǐ 慢条斯理　wèi shǒu wèi wěi 畏首畏尾

雾姑娘

“像云不似云，像烟不似烟，风吹可飘动，日出始散开。”今天，就让我们走近这个可爱的姑娘——雾。

活动过程

活动项目：观察雾

活动场所：海边或者山上

活动时长：15 分钟

看一看：有了雾，景色会变成什么样？

和爸爸妈妈说一说：自己看到的雾是什么样子的？周围的景物有什么变化？

想一想：雾是怎么形成的？

也可以问一问爸爸妈妈：成语“雾里看花”是什么意思呢？

学习目标：

1. 能认真观察雾，对气象感兴趣。

2. 能乐于表达自己的想法。

学习项目：

【项目作业一】阅读与鉴赏

和爸爸妈妈一起朗读这首有趣的童谣吧！

wù
雾

wù lái la wù lái la
雾来啦！雾来啦！

zhē zhù dà shù hé shān lù
遮住大树和山路，

jí de wá wa wū wū kū
急得娃娃呜呜哭，

zhǎo bú dào huí jiā de lù
找不到回家的路。

tài yáng tīng le gǎn jǐn xiào
太阳听了赶紧笑，
yí xiào wù jiù bú jiàn le
一笑雾就不见了！
lè de wá wa hā hā xiào
乐得娃娃哈哈笑！

★好书推荐★

看一看绘本：《雾里捉迷藏》（[美]阿尔文·崔塞特/文　戴磊/译）

【项目作业二】表达与交流

听爸爸妈妈读一读《雾姑娘》。请你听完后，把故事讲给家人、好朋友听。

雾姑娘

当人们还沉迷于美梦之时，有一位姑娘便轻轻地来到人们的身边，温柔地拥抱着这座海滨小城。

雾姑娘在树林之间穿梭，她轻轻地抚摸着树林中翠绿的叶子，叶子舒服地伸展着身子，凝着一滴滴晶莹的小水珠，慢慢地，聚成一颗美丽的钻石。她顺着清晰的叶脉，滚落到泥土里，或打湿林中正在休憩的小鸟的羽毛。

雾姑娘飞到了大海上。大海立刻一片白茫茫，海在哪里？天在哪里？一下都分不清了。远处对岸的高楼被雾姑娘施了魔法，她神秘的白纱将高大的建筑物藏起来。高楼不见往日巍峨的身影，只有若隐若现的轮廓。我家前方的小区在雾姑娘的笼罩下，朦朦胧胧的，好似仙境中的古堡一般。

雾姑娘走到了街道上。街道上的人们，都变得格外小心，男女老少都不由自主地盯着前方，十分谨慎。骑自行车的学生此刻也放慢速度，而骑摩托车的人更是眼睛一眨不眨地看着红绿灯。浓浓的雾给汽车带来了不方便。公路上，汽车亮着黄色的防雾灯，小心翼翼地排队，艰难地慢慢地向前行驶，如同蜗牛在爬。

雾姑娘来到了学校。树啊、教学楼啊，看不清楚了。忽然一个人闯入你的视线，你会觉得他是从地里冒出来的。我想揭开雾姑娘的面纱，便向操场上跑去，但还不能看清她的面貌。同学们高高兴兴地在操场上玩耍，雾姑娘就陪他们一起玩，同学们的欢声笑语充满了校园。真是“空山不见人，但闻人语响”啊！

慢慢地，同学们的身影越来越多，越来越清晰了。我抬头一看，太阳公公正朝着我微笑呢！

咦？雾姑娘去哪里啦？

和爸爸妈妈聊一聊：

故事中的雾姑娘都到过哪些地方？

【项目作业三】梳理与探究

请你说一说当雾跑到山上，山会变成什么样子。把你看到的、想到的画一画。

识字补给站

1. 圈出“项目作业一”的童谣中不认识的字，试着自己拼读准确。

2. 积累和“雾”有关的成语。

wù lǐ kàn huā　téng yún jià wù　yān wù liáo rào
雾里看花　腾云驾雾　烟雾缭绕

yún xiāo wù sàn　yún lǐ wù lǐ
云消雾散　云里雾里

我和风捉迷藏

温柔的风，调皮的风，有时坏脾气的风，喜欢和朋友们捉迷藏的风……风的脚步在哪里呢？我们一起找到它！

活动过程

活动项目：观察风

活动场所：室外空旷处

活动时长：15 分钟

和爸爸妈妈一起，认真地看一看：风从哪些地方经过？

闭上眼睛，听一听：风经过时会留下哪些声音？

和爸爸妈妈说一说：风来了，周围的事物会有什么变化，会有怎样的声音？

想一想：风会带来哪些好闻的气味？

也可以问一问爸爸妈妈：为什么风有时候很温柔，有时候又很暴躁？

学习过程

学习目标：

1. 能对观察风产生兴趣。
2. 能用口头或图文等方式表达自己的观察所得。

学习项目：

【项目作业一】阅读与鉴赏

和爸爸妈妈一起朗读这首有趣的古诗吧！

dà fēng gē
大风歌

hàn liú bāng
［汉］刘邦

dà fēng qǐ xī yún fēi yáng
大风起兮云飞扬。
wēi jiā hǎi nèi xī guī gù xiāng
威加海内兮归故乡。
ān dé měng shì xī shǒu sì fāng
安得猛士兮守四方！

★好书推荐★

看一看绘本：《风喜欢和我玩》（[美]玛丽·荷·艾斯/文、图　赵静/译）

【项目作业二】表达与交流

听爸爸妈妈讲一讲《风娃娃去工作》。请你听完后，把故事讲给家人、好朋友听。

风娃娃去工作

我是风娃娃，是森林里出名的调皮蛋。一天，趁着风婆婆的口袋没扎紧，我一下子溜了出来。

我快活地在树林间穿梭，在云朵里蹦跳，在湖面上起舞。我在花园里闲逛，我给花儿挠痒痒，惹得她们嘻嘻笑，抖落一地的花粉。我在草地上四处翻滚，我总爱折腾小草芽，把他们吹得东倒西歪。我在天空中撒野，挡住太阳公公的眼睛，吹乱云朵姑娘的头发，打散雨点宝宝的队伍。

每天闲逛，四处游散的日子过了很久，我也感到无聊。

一天，我听说森林邮局需要一名邮差，我赶忙去报名。森林里的小动物有太多信要送往远方了，我送来送去跑得气喘吁吁。唉，真想偷个懒呀！找朵云靠着，把信一抛。糟糕！信掉进了小河里，弄湿了；飞落草丛里，遮住了；

大雁衔在嘴里，叼走了。

邮差当不成了，要不做个理发师？说干就干！云朵姑娘最爱打理头发了，这次我可没调皮。左吹吹，右吹吹，上吹吹，下吹吹，卷卷的头发真漂亮。柳树姐姐最爱美，我编来编去，漂亮的麻花辫连小鸟都称赞。

鸟儿四处传播消息，森林里的长颈鹿也来了。一般的理发师都够不到长颈鹿的头，这对我来说却是轻而易举的事。第二天，更意想不到的客人来了，居然是狮子！“风娃娃，你帮帮我吧！大家都怕我，森林里没有理发师敢帮我梳理……”听着这话，我暗暗自喜：“嘿嘿，我可不是一般的理发师，哪个理发师像我一样连狮子都不怕呢？”我得意地想着，卖力地帮狮子做好了发型。原来，森林里还有那么多朋友需要我的帮忙，我再也不要当调皮捣蛋的风娃娃了，我要成为森林里最受欢迎的理发师！

和爸爸妈妈聊一聊：

故事中，风娃娃做了哪些工作呢？他还可以做什么事情来帮助别人？

【项目作业三】梳理与探究

准备一张纸、剪刀、双面胶、胶棒，先看一看图片上的步骤，再自己动手做一做纸风车。请你举着风车跑一跑，和爸爸妈妈说一说：转动的风车，让你想到了什么画面？

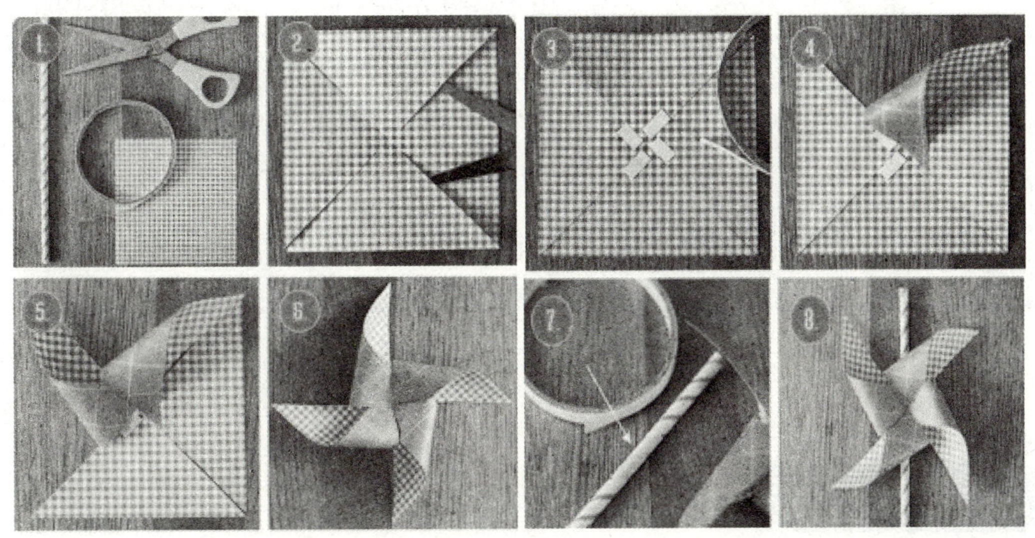

识字补给站

1.圈出“项目作业一”的古诗中不认识的字，试着自己拼读准确。

2.积累和“风”有关的成语。

fēng hé rì lì　fēng píng làng jìng　xié fēng xì yǔ
风和日丽　风平浪静　斜风细雨

kuáng fēng bào yǔ　fēng chí diàn chè
狂风暴雨　风驰电掣

和平的使者

谁没见过蓝天上高高飞翔的鸽群？谁没听过白云下清脆悠扬的鸽哨？象征着和平的鸽子，可以说是我们最熟悉的一种飞鸟了。让我们一起观察这位“和平的使者”——鸽子吧！

活动项目：观察鸽子

活动场所：花鸟市场或鸽子广场

活动时长：15 分钟

和爸爸妈妈一起喂一喂鸽子，认真地看一看：鸽子的样子。

听一听：鸽子的叫声。

和爸爸妈妈说一说：鸽子长什么样子？声音听起来怎么样？

想一想：为什么人们把鸽子叫作“和平鸽”？

也可以问一问爸爸妈妈：鸽子为什么不会迷路？

学习过程

学习目标：

1. 能细心观察鸽子，关心小动物。
2. 能展开合理的想象，大胆表达自己的感受。

学习项目：

【项目作业一】阅读与鉴赏

古人笔下的鸽子是怎样的？和爸爸妈妈一起朗读诗句吧！

tīng gē líng
听鸽铃

sòng zhū yì
［宋］朱翌

péng hāo mén xiàng jiǔ zhāng luó, qǐ yǒu lóng fáng zhòng kè guò.
蓬蒿门巷久张罗，岂有笼坊重客过。
tiān wài gē líng jīng wǔ zhěn, ér tóng wù qǐ tīng cháng hē.
天外鸽铃惊午枕，儿童误起听长呵。

★好书推荐★

看一看绘本:《鸽子大侦探》([英]梅格·麦克拉伦/文、图　姚人杰/译)

【项目作业二】表达与交流

听爸爸妈妈讲一讲《蚂蚁与鸽子》。请你听完后，把故事讲给家人、好朋友听。

蚂蚁与鸽子

蚂蚁来来回回地搬运食物，感到精疲力竭，身体急需水分。最近的水源，是一条湍急的小河。要是平常，蚂蚁不会去这危险的地方，但是现在，自己没更多的力气去更远的地方了。

“虽然危险，但只要小心点，应该不会有事。”蚂蚁一边想着，一边往河边爬去。

没多久就到河边了，蚂蚁趴在河边，一边把脚牢牢地固定在岸上，一边努力伸长了脖子往河里凑。蚂蚁饱饱地喝足了水，正准备离开水面，突然，一阵急流涌来，将蚂蚁卷入河中。

眼看蚂蚁快要淹死时，一根带着新鲜木桨的小树枝从天而降，正好落在蚂蚁旁边。蚂蚁赶紧爬了上去，再顺着树枝搭在岸边的叶子，颤颤巍巍地上了岸。

蚂蚁大口大口地喘息着，心中疑惑不已：那根树枝是谁丢过来的呢？刚刚情况危急，只顾着逃命了，也没来得及看看周边。

正想着，蚂蚁听到一阵很轻的脚步声向自己走来。循声望去，只见一个捕鸟人拿着一根粘竿，蹑手蹑脚地向一棵树走去。

蚂蚁定睛一看，树上歇着一只纯白色的鸽子，而鸽子歇脚的那根树枝显然是根断枝，新鲜的木浆正顺着旁边的叶子缓缓流下。

蚂蚁立刻明白过来，刚才是鸽子救了自己。蚂蚁使出平生最快的速度，赶在捕鸟人向鸽子伸出那根粘竿之前，用尽全力在他的腿上狠命地咬了一口。

“哎哟”一声，捕鸟人痛得丢下粘竿，抱着自己被咬的腿大叫起来。

鸽子听到动静，拍着翅膀飞向了天空。蚂蚁望着鸽子远去的身影，欣然一笑，又继续去搬运自己的食物了。

和爸爸妈妈聊一聊：

鸽子遇到了什么危险？是谁救了它？

【项目作业三】梳理与探究

和爸爸妈妈一起折一折和平鸽，说一说：你想让和平鸽飞到哪儿去？为什么？

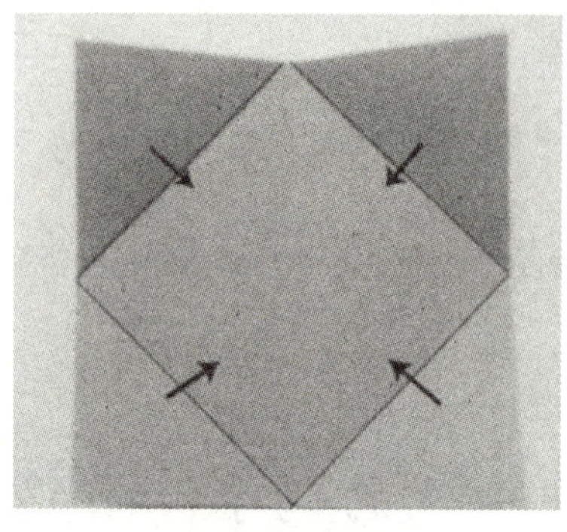
1. 沿线折叠四角。

2. 再沿线折叠两角。

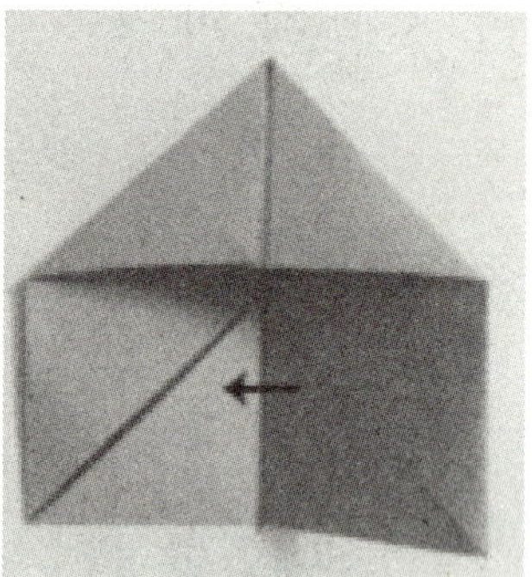
3. 朝箭头对折。

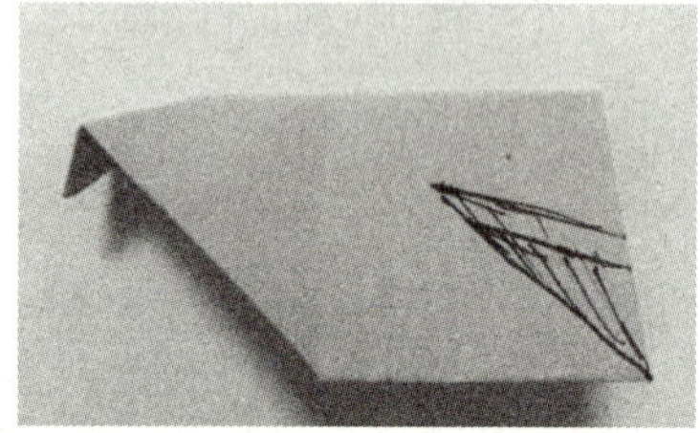
4. 折出鸽嘴，剪出阴影部分。

5. 折叠出鸽翅。

6. 画上鸽眼。

识字补给站

1. 圈出“项目作业一”的古诗中不认识的字，试着自己拼读准确。

2. 积累描写“鸽子”的四字词语。

yì shēn xuě bái　tǐ tài qīng yíng　áng shǒu tǐng xiōng

一身雪白　体态轻盈　昂首挺胸

jīng shén dǒu sǒu　zì yóu zì zài

精神抖擞　自由自在

不，我不是小树枝

大自然中有这样一种虫子，如果你不仔细看，压根儿找不到它在哪儿。伪装、断腿求生，甚至动用“生化武器”，经过亿万年的进化，小小的它究竟有什么本领呢？这一次，让我们一起来认识竹节虫吧！

活动过程

活动项目：观察竹节虫

活动场所：草丛或树林间

活动时长：15 分钟

在爸爸妈妈的带领下，找一找竹节虫。

用放大镜照一照竹节虫，看一看：竹节虫的样子。

和爸爸妈妈说一说：竹节虫是什么颜色的？它的外形像什么？

想一想：为什么要叫它“竹节虫”？竹节虫还有别的颜色吗？

也可以问一问爸爸妈妈：除了善于伪装，竹节虫还有什么本领？

学习目标：

1. 观察竹节虫，表达观察所得。
2. 能展开想象，主动发问。

学习项目：

【项目作业一】阅读与鉴赏

和爸爸妈妈一起朗读这首有趣的童谣吧！

zhú jié chóng ér
竹节虫儿

zhú jié chóng ér
竹节虫儿，
nǐ zhǎng shén me yàng
你长什么样？
chū lái ràng wǒ qiáo yi qiáo
出来让我瞧一瞧。

zhú jié chóng ér
竹节虫儿，
nǐ duǒ zài nǎ lǐ
你躲在哪里？
chū lái tīng wǒ chàng shǒu gē
出来听我唱首歌。
zhú jié chóng ér
竹节虫儿，
nǐ ài chī shén me
你爱吃什么？
shù yè hái shi hú luó bo
树叶还是胡萝卜？
zhú jié chóng ér
竹节虫儿，
nǐ zhù zài nǎ lǐ
你住在哪里？
dà shù shì bu shì nǐ de jiā
大树是不是你的家？
zhú jié chóng ér
竹节虫儿，
nǐ de běn lǐng zhēn dà
你的本领真大，
wěi zhuāng dà shī shì nǐ ma
伪装大师是你吗？

★好书推荐★

看一看绘本：《不，我不是小树枝》（[澳]奥拉·帕克/文、图　佟画/译）

【项目作业二】表达与交流

听爸爸妈妈讲一讲《洋洋得意的竹节虫》。请你听完后，把故事讲给家人、好朋友听。

洋洋得意的竹节虫

竹节虫，昆虫界的伪装高手。他靠着跟干枯的竹子相似的外表，成功地骗过了敌人的眼睛，躲过了一次又一次天敌的捕杀，成为森林中活得最久的一只小昆虫。

竹节虫为自己有这件“救生衣”洋洋得意，他常常跟其他昆虫炫耀他的“救生衣”有多么神奇，拥有这样一身“救生衣”又是何等的幸运和幸福，穿上它便能轻而易举地瞒过别人的眼睛，在森林中自由地行走。

这天，竹节虫正向小蚂蚁炫耀他的“救生衣”，他滔滔不绝地讲述着自己一次次惊心动魄的历险故事，丝毫没注意到一个背着柴篓的老人向这边走来。

小蚂蚁听到动静后，立刻对竹节虫说：“竹节虫，快跑，有人来了！”

竹节虫听了，不以为意地说：“怕什么？你忘了我是谁了？我是伪装大师啊，今天我就让你见识一下我的伪装本领。”

“别吹牛了，快跑吧，再不走就死定了！”小蚂蚁焦急地劝说他。可竹节虫就是不听，还嘲笑小蚂蚁是个胆小鬼，说：“要跑你跑。”

小蚂蚁赶紧退回洞中。说话间，老人来到这里，老眼昏花的他模模糊糊地看到地上有一根干柴，便弯腰捡起来，丢进背篓里，然后继续拾柴。

小蚂蚁不放心竹节虫，顶着危险跑出洞穴，对竹节虫说："现在正是个逃跑的好机会，快跑啊！"

竹节虫却坚持说："我刚刚已经成功地骗过了老人，我要再骗他一次，不，少了，两次、三次……N 次，让你见识一下我到底有多厉害！"

老人回到家，将柴禾倒出背篓。他的老伴正在生火做饭，急需柴禾，她抓过竹节虫，和别的木柴一起塞进熊熊燃烧的灶底。可怜的竹节虫，都还没再次展现他的独门"武功"，就化为了灰烬。

和爸爸妈妈聊一聊：

这是一只怎样的竹节虫？为什么竹节虫这次没用上他的独门"武功"就化为了灰烬？

【项目作业三】梳理与探究

看一看下面的图片，请你准备黏土，搓一搓黏土，分别搓出竹节虫的身体、触角和肢体，把它们拼一拼。先说一说竹节虫是如何隐藏自己的，再说一说自然界中还有哪些隐藏高手，它们是如何隐藏的。

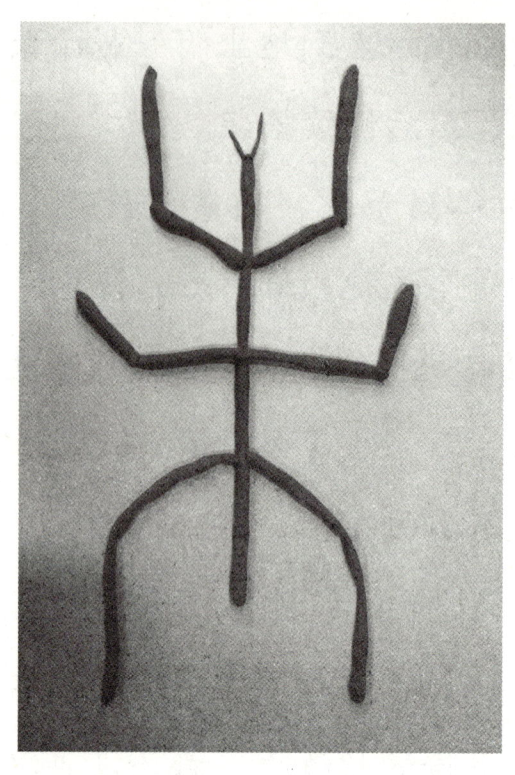

识字补给站

1. 圈出“项目作业一”的童谣中不认识的字，试着自己拼读准确。

2. 积累和竹节虫善于“隐藏”的本领相关的成语。

xiāo shēng nì jì 销声匿迹　wú chù dùn xíng 无处遁形　yǐn jiè cáng xíng 隐介藏形

qiáo zhuāng dǎ bàn 乔装打扮　ruò yǐn ruò xiàn 若隐若现

时光的年轮

“

你知道树也有年龄吗？被锯开的树木横断面上长着一圈一圈的印痕，这就是树木的年轮。树的年轮，一圈又一圈；时光的车辙，一道又一道。它们都在提醒我们要珍惜时间。让我们一起走进“时光的年轮”吧！

”

活动项目：观察树的年轮

活动场所：树林间

活动时长：15 分钟

和爸爸妈妈找一个树桩，仔细看一看：年轮的颜色、形状。

数数：树桩有多少圈年轮？

和爸爸妈妈说一说：你观察到的年轮是什么样的？

想一想：年轮的数量可能和什么有关？

也可以问一问爸爸妈妈：所有的年轮都是一年一轮吗？

学习过程

学习目标：

1. 观察年轮，表达观察所得。

2. 能展开想象，主动发问。

学习项目：

【项目作业一】阅读与鉴赏

和爸爸妈妈一起朗读这首古诗吧！

bái lù dòng èr shǒu qí yī
白鹿洞二首·其一

táng wáng zhēn bái
[唐]王贞白

dú shū bù jué yǐ chūn shēn, yí cùn guāng yīn yí cùn jīn
读书不觉已春深，一寸光阴一寸金。

bú shì dào rén lái yǐn xiào, zhōu qíng kǒng sī zhèng zhuī xún
不是道人来引笑，周情孔思正追寻。

★好书推荐★

看一看绘本：《树木的年轮》（漂亮眼睛/文　张虹/图）

【项目作业二】表达与交流

听爸爸妈妈讲一讲《树的故事》。请你听完后，把故事讲给家人、好朋友听。

树的故事

清晨，森林的宁静被一阵刺耳的电锯声打破。小动物们纷纷赶来，查看究竟发生了什么事。

只见伐木工熊熊正用电锯砍树，在他的身旁，已经有好几棵被砍倒的树。

大家都很生气，七嘴八舌地谴责熊熊的行为。

小松鼠惊魂未定地站在树桩上，看着倒下的大树，放声大哭："我的家被你毁了，熊熊你这个坏蛋……"

小狗看了看树桩，发现这棵树只有十岁。小狗气愤地说："熊熊，你也太残忍了，这么小的树你也不放过！"

原来，砍倒的树桩横断面上有着一圈一圈的印痕，这就是树木的年轮。树木每年都会长出一圈年轮，所以，年轮的数量就是树木的年龄。这棵小树有十圈年轮，刚好十岁。

看着树桩上的年轮，熊熊羞愧地低下了头，说道：“我……我……我不知道小树还那么小，我不应该这样，对不起……”

从此，熊熊放弃了伐木的工作，成为森林护卫队的一员。大家每天都能在森林里看到他的身影，只要有乱砍伐小树的行为，熊熊就立即出现，及时劝阻。

在熊熊的用心呵护下，小树慢慢长成了大树。

和爸爸妈妈聊一聊：

小狗为什么会知道小树的年龄？是什么让熊熊发生了改变，由伐木工变成森林护卫队的一员？

【项目作业三】梳理与探究

请你用牛皮纸剪一剪，剪出树桩的形状。在树桩上画一画年轮，在树桩旁画你喜欢的小动物。说一说：小动物们看到年轮会说些什么？会发生什么有趣的故事呢？

识字补给站

1. 圈出“项目作业一”的古诗中不认识的字，试着自己拼读准确。

2. 积累形容“年轮”的词语。

yì quān yì quān　shēn qiǎn bù yī　dà xiǎo bù yī
一圈一圈　深浅不一　大小不一

xíng tài gè yì　fēng chuī rì shài
形态各异　风吹日晒

幸运三叶草

春天里，百花盛开，当风儿一吹，花儿们摇摆着艳丽的裙子，旋转出美丽的舞姿。而在角落里，一株株嫩绿的三叶草，正在旺盛地生长着。三叶草无需精心呵护，便能开得到处都是，虽是小草，但却如点点星光一般，点亮了春的生机。

活动过程

活动项目：观察三叶草

活动场所：草地

活动时长：15 分钟

和爸爸妈妈一起，看一看：三叶草的样子。

摸一摸：它的根、茎、叶。

和爸爸妈妈说一说：三叶草的颜色、形状。它的根、茎、叶摸起来是什么感觉？

想一想：三叶草的叶子看起来像什么？

也可以问一问爸爸妈妈：三叶草有哪些品种？

学习过程

学习目标：

1. 能对观察三叶草产生兴趣。
2. 能展开丰富的想象，试着主动发问。

学习项目：

【项目作业一】阅读与鉴赏

和爸爸妈妈一起读一读这首有趣的童谣吧！

sān yè cǎo zhī gē

三叶草之歌

yí dà piàn de sān yè cǎo
一大片的三叶草，
lǜ yóu yóu de sān yè cǎo
绿油油的三叶草。
sān piàn yè zi fēng zhōng yáo
三片叶子风中摇，
càn làn yáng guāng bǎ tā zhào
灿烂阳光把它照。
wǒ mén dōu ài sān yè cǎo
我们都爱三叶草。

★好书推荐★

看一看绘本：《三叶草带来的幸福》（[日]仁科幸子/文、图　文纪子/译）

【项目作业二】表达与交流

听一听爸爸妈妈讲的《三叶草的“奥秘”》。请你听完后，把故事讲给家长、好朋友听。

三叶草的“奥秘”

在我家楼下的花园中，生长着一种不知名的小草，一开就是一大片。后来，我问了妈妈，知道了它的名字叫“三叶草”。

三叶草有着一根细细的、嫩绿色的茎，根部也是嫩绿色的。在茎的顶部生长着三片绿色的小叶子，叶脉十分清晰，俨然三颗“大爱心”聚拢在一块儿。微风过处，三叶草便在风儿的指挥下，随风摆动，一会儿向左，一会儿向右，如同一层层绿波。

你别看三叶草小小的不起眼，但它却藏着许多“奥秘”。如果你仔细观察，就会发现它有这样一个“奥秘”，它早、中、晚的变化可大不一样呢。早上，它的三瓣叶子就像枯了一样，微微耷拉下去；中午，它的叶子复活了，三片叶子精神着呢；晚上它们又像睡着了一样，三片叶子往下耷拉着。你们不知道了吧，三叶草是一种特别喜欢“睡觉”的植物，叶子闭合是正常的睡眠运动。在晚上、阴雨天、光照比较弱的情况下，它们就会“入睡”。

三叶草的“奥秘”还有很多呢，它的再生能力也非常强。如果你不小心踩到了它，也不用担心。因为过不了几天，它又会神采奕奕地挺立着呢，足见它的生命力是多么顽强啊！

除此之外，三叶草的“奥秘”还藏在一个美丽的传说中。这种叫作三叶草的植物，三片叶子都有特殊的含义。一片叶子代表祈求，一片叶子代表希望，一片叶子代表爱情。传说中，如果谁找到了有四瓣叶片的三叶草，即四叶三叶草，谁就会得到幸福。

我喜欢它那一抹淡淡的绿，还喜欢它那顽强的生命力，更喜欢它代表的含义。我爱三叶草。

和爸爸妈妈聊一聊：

三叶草有哪些“奥秘”呢？

【项目作业三】梳理与探究

和爸爸妈妈一起用三叶草的嫩茎玩一玩拔河游戏，并说一说玩游戏的过程和你玩耍时的感受。

识字补给站

1. 圈出“项目作业一”的童谣中不认识的字，试着自己拼读准确。

2. 积累和“草”有关的成语。

lǜ cǎo rú yīn　fēng chuī cǎo dòng　cǎo zhǎng yīng fēi
绿草如茵　风吹草动　草长莺飞

yáo cǎo qí huā　yě cǎo xián huā
瑶草奇花　野草闲花

踏雪寻梅

“冰天雪地一枝花，有黄有红枝上趴，一身铁骨傲风雪，花香满园人爱它。”自古至今，梅花都深受人们的喜爱。白雪中的点点红梅更是惹人怜爱，今天我们踏进雪地，寻一枝红梅吧！

活动过程

活动项目：认识红梅

活动场所：植物园、梅园

活动时长：15 分钟

和爸爸妈妈一起，认真地看一看：红梅的样子。

闻一闻：红梅的气味。

和爸爸妈妈说一说：红梅有几片花瓣？花蕊是么颜色？闻起来是什么气味？

想一想：红梅为什么没有叶子？

也可以问一问爸爸妈妈：红梅有什么寓意？

学习过程

学习目标：

1. 能对观察周围事物产生兴趣，认识红梅。
2. 能口头表达自己的见闻和想法。

学习项目：

【项目作业一】阅读与鉴赏

和爸爸妈妈一起朗读这首有趣的古诗吧！

hóng méi
红梅

sòng wáng shí péng
［宋］王十朋

táo lǐ mò xiāng dù, yāo zī yuán bù tóng
桃李莫相妒，夭姿元不同。

yóu yú xuě shuāng tài, wèi kěn shí fēn hóng
犹余雪霜态，未肯十分红。

★好书推荐★

看一看绘本：《梅花三弄》（尧立 / 编）

【项目作业二】表达与交流

听爸爸妈妈讲一讲《孟浩然踏雪寻梅》。请你听完后，把故事讲给家人、好朋友听。

孟浩然踏雪寻梅

孟浩然是唐朝著名诗人，他的诗风恬淡质朴，清新幽远。但是，起初他的诗歌并没有达到这种境界，让他的诗歌达到这个境界的是唐代另外一位大诗人——王维。

一次，孟浩然和几个朋友宴请王维，有人提议作诗助兴。孟浩然先吟成了一首，自己认为还不错。接着轮到王维，他的诗句一出口就赢得满堂喝彩，整首诗清远飘逸，浑然天成。大家纷纷向王维讨教作诗的方法。王维谦虚地笑了笑，说："我认为作诗不能局限于字词之间，还要留心观察大自然！"孟浩然听后，觉得自己的诗的确生硬，远远比不上王维，不禁暗自惭愧。

此后，孟浩然走出家门，尽情地徜徉于山水之间，欣赏着自然界一年四季的不同风光。他把自己对山水田园的感悟写入诗中，写出的诗歌技巧更加娴熟，意境更加深远。

有一年冬季，孟浩然住在苏岭山下。一天，他看着漫天大雪，忽然很想写一首咏梅的诗歌。但他从没见过野外生长的梅花，怎么也写不出梅花的风韵和品格。于是他穿上外套，顶风冒雪爬上了苏岭山。

一路走来，孟浩然只见银装素裹，却找不到半点梅花的影子。但他不灰心，继续向岭上攀登。突然他脚底一滑，滚下了山坡。趴在雪地上的孟浩然抬眼一看，不禁放声大笑，原来一树梅花正盛开在他面前。

和爸爸妈妈聊一聊：

孟浩然为什么要踏雪寻梅？

【项目作业三】梳理与探究

听一听《踏雪寻梅》这首歌曲，学着唱一唱，把你想到的画面和爸爸妈妈、同学说一说。

识字补给站

1. 圈出“项目作业一”的古诗中不认识的生字，试着自己拼读准确。

2. 积累和“梅花”有关的成语。

àn xiāng shū yǐng 暗香疏影　suì hán sān yǒu 岁寒三友　ào shuāng dòu xuě 傲霜斗雪

bú wèi yán hán 不畏严寒　qiào bù zhēng chūn 俏不争春

参考答案

云朵的魔法

【项目作业二】表达与交流

“早烧阴，晚烧晴”，早晨的时候有火烧云就意味着这一天是阴天，如果在傍晚出现火烧云就意味着明天是晴天。

【项目作业三】梳理与探究

重在鼓励孩子大胆想象。

蒲公英的旅行

【项目作业二】表达与交流

蒲公英飞到灰不溜秋的角落里、清澈见底的小溪里、繁华的城市、朴实无华的村庄、绿油油的草地，最终在绿油油的草地上扎根。因为那里有三五成群的牛羊，有挂满苹果的果树，还有芬芳的花草、晶莹的露珠以及甜甜的蜂蜜……

【项目作业三】梳理与探究

重在体会童趣。

太阳的“忠实粉丝”

【项目作业二】表达与交流

因为向日葵的花粉怕高温，如果温度高于30℃，就会被灼伤。如果向日葵固定朝向东方，恰好可以避免正午阳光的直射，避免伤害。

【项目作业三】梳理与探究

花：黄色和棕色，形状和圆相似。

茎：淡绿色或深绿色，形状和细长的棍子相似。

叶：绿色，形状多样，有蒲扇形、心形等。

镰刀武士

【项目作业二】表达与交流

“我”觉得当一只小螳螂真不错。早上醒来可以在田野上跳跃，喝着清甜的露水，跟着风伯伯去游山玩水，还有很多有意思的小伙伴呢。

“我”的小伙伴认为当一只螳螂一点儿都不好。可能成为顽童的玩物，可能跌进很臭很臭的泥潭里，还可能被黄雀吃掉。

（言之有理即可，重在体会乐趣）

花生赞

【项目作业二】表达与交流

文中提到花生可以制成各种食品，还可以榨油、入药等。

【项目作业三】梳理与探究

主要考察孩子的动手模仿能力和想象能力，言之有理即可。

圆圆灯笼挂满枝

【项目作业二】表达与交流

故事中，橘子被做成了橘子果汁、橘子罐头、橘子糖果，晒干后的橘皮成了药材“陈皮”，用来做药。

【项目作业三】梳理与探究

我想把小橘灯放在妹妹的房间，妹妹怕黑，关了灯不敢睡觉，如果把小橘灯放在房间的一角，暖黄的光照着房间，妹妹就能睡个好觉了。（言之有理即可）

香香的桂花

【项目作业二】表达与交流

吴刚偷摘了月宫的桂花去救人，玉帝罚他砍桂树。吴刚没有成功，因为他每砍一刀，被砍的地方立即就合拢了。

【项目作业三】梳理与探究

桂花香囊会把花蝴蝶、小蜜蜂等小昆虫引来，小昆虫们连声说道：“香啊，真香啊！”（可自由发挥。重在鼓励孩子大胆想象）

红艳迷人的火龙果

【项目作业二】表达与交流

火龙果的别名是“长寿果”“仙蜜果”“玉龙果”。

火龙果含有丰富的营养，有蛋白质、膳食纤维、维生素C等，还有大量果肉纤维和丰富的胡萝卜素。它不但可以美白养颜，还可以排毒护胃、降火气、防止血管硬化。

【项目作业三】梳理与探究

（可以自由摆放造型，重在体会动手的乐趣）

果盘参考：

例如：大家好，今天我给大家介绍我的水果拼盘。我给它取了一个可爱的名字——四叶草。我先用爱心模具把切成片的火龙果压出四个美丽的小爱心，再把它们摆成四叶草的形状铺在盘子里，然后挑了一根带叶的小芹菜作为四叶草的茎。怎么样，是不是特别漂亮呀？你也一起来试试吧！

空中水帘

【项目作业二】表达与交流

喜欢，瀑布开始很骄傲，后来认识到自己的错误，知错就改，明白要做一个对别人有用的人。（言之有理即可）

【项目作业三】梳理与探究

瀑布还可以变成奔腾的巨龙、银色的幕布等。

（鼓励孩子大胆想象）

多彩的落叶

【项目作业二】表达与交流

叶子落下后，就会回到大自然，慢慢地分解成大树的养料。来年春天，大树再长出新的叶子。

【项目作业三】梳理与探究

重在体会乐趣。

例：

你好，龟先生

【项目作业二】表达与交流

鲧采用堵的方法治水，禹采用疏的方法治水。禹能平息洪水，是得到了玄龟和应龙的帮助。

【项目作业三】梳理与探究

例如：小龟去桂花树下玩，遇到了一只小猴。小猴就住在桂花树旁，他觉得桂花小小的，一点也不漂亮，正准备搬家。小龟从地上捡起一朵桂花，放在小猴的鼻尖。“真香啊！”原来，小猴以前没有注意到桂花的好处，他决定不搬家了。（重在鼓励孩子大胆想象）

雾姑娘

【项目作业二】表达与交流

雾姑娘到过树林、大海、街道和学校。

【项目作业三】梳理与探究

能用自己的话说说自己看到的雾景，能画下自己感兴趣的雾景即可。

我和风捉迷藏

【项目作业二】表达与交流

当邮差为森林里的小动物们送信；成为森林理发师为大家理发。

风还可以当一名演奏家，吹动树叶，为大家带来美妙的声音。（重在鼓励孩子大胆想象）

【项目作业三】梳理与探究

我想到田野上随风摇动的麦穗，一阵风刮来，田野上形成麦浪，多美呀！（展开联想，有风车或体现风都可以）

和平的使者

【项目作业二】表达与交流

捕鸟人拿着一根粘竿，准备捕捉鸽子。蚂蚁咬了捕鸟人，救下了鸽子。

【项目作业三】梳理与探究

我希望和平鸽飞向全世界的每个角落，给全世界带去和平。（重在鼓励孩子大胆想象）

不，我不是小树枝

【项目作业二】表达与交流

围绕“自负”“不听劝告”回答，言之有理即可。

【项目作业三】梳理与探究

竹节虫是靠着跟干枯的竹子相似的外表隐藏自己的。自然界中还有其他隐藏高手，如：枯叶蝶、变色龙、壁虎等。（感受趣味性即可）

时光的年轮

【项目作业二】表达与交流

砍倒的树桩横断面上有着一圈一圈的印痕，这就是树木的年轮。树木每年都会长出一圈年轮，所以，年轮的数量就是树木的年龄。这棵小树有十圈年轮，刚好十岁。（第二个问题围绕“知错就改”“善良”回答，发挥想象，言之有理即可。）

【项目作业三】梳理与探究

例如：森林的一角有一个树桩，大家都不知道他有几岁了。小蚂蚁路过，说：“我就是在这里出生长大的呀，我有一岁啦，树桩应该一岁吧。”小瓢虫说：“我从远方飞来，树桩给了我一个家，我有两岁了，树桩应该两岁吧。”“树桩你有几岁啦？”大家一起问树桩。树桩笑了：“我的一生都记录在年轮上，十圈年轮，你们猜猜我几岁啦？”（重在鼓励孩子大胆想象）

幸运三叶草

【项目作业二】表达与交流

三叶草在晚上、阴雨天、光照比较弱的情况下，就会“入睡”；三叶草的再生能力非常强；三片叶子都有特殊的含义，一片叶子代表祈求，一片叶子代表希望，一片叶子代表爱情。传说中，如果谁找到了有四瓣叶片的三叶草，即四叶三叶草，谁就会得到幸福。

【项目作业三】梳理与探究

重在体会乐趣。

踏雪寻梅

【项目作业二】表达与交流

孟浩然想写一首咏梅诗，但是需要留心观察大自然，去看一看野外生长的梅花，才能写出梅花的风韵和品格。

【项目作业三】梳理与探究

能认真倾听歌曲，说出自己的感受和想法即可。

跨学科
语文
创意作业2

主　　编：何　捷
副 主 编：谢晓丽
执行主编：张晓洁　黄倩平
插画绘制：林　威

下册

山东城市出版传媒集团·济南出版社

图书在版编目（CIP）数据

跨学科语文创意作业 . 2 / 何捷主编 . -- 济南 : 济南出版社， 2022.8

ISBN 978-7-5488-5177-6

Ⅰ . ①跨… Ⅱ . ①何… Ⅲ . ①小学语文课—教学参考资料 Ⅳ . ① G624.203

中国版本图书馆 CIP 数据核字（2022）第 139723 号

跨学科语文创意作业 2 下册　　何 捷 主编

出 版 人：田俊林
图书策划：李圣红　董慧慧
责任编辑：董慧慧　陶　静
封面设计：八　牛
插画绘制：林　威
版式设计：张　倩
内文排版：刘欢欢
出版发行：济南出版社
地　　址：济南市二环南路 1 号
邮　　编：250002
印　　刷：济南新先锋彩印有限公司
成品尺寸：185mm × 260mm　16 开
印　　张：13.5
字　　数：112 千
版　　次：2022 年 8 月第 1 版
印　　次：2022 年 10 月第 1 次印刷
书　　号：ISBN978-7-5488-5177-6
定　　价：39.00 元（上下册）

（如有倒页、缺页、白页，请直接与出版社联系调换。联系电话：0531-86131736）

目录

目录

柳色青青

是什么时候，它悄无声息地发出了青青的新芽？是什么时候，它不声不响地抽出了绿丝带般的枝条？让我们随着春天的脚步了解春天的信使——柳树。

活动项目：观察柳树

活动场所：公园

活动时长：15 分钟

和爸爸妈妈一起，认真地看一看：柳条的样子。

摸一摸树干，闻一闻柳叶。

和爸爸妈妈说一说：柳条是什么颜色的？柳条的形状怎么样？树干摸起来有什么感觉？柳叶闻起来有什么样的气味？

想一想：你觉得柳树像什么？

也可以问一问爸爸妈妈：有哪些和“柳”有关的古诗文？

学习目标：

1. 能对观察柳树产生兴趣。

2. 能喜爱春天，展开合理的想象。

学习项目：

【项目作业一】阅读与鉴赏

古人笔下的柳树是怎样的？和爸爸妈妈一起朗读这首诗吧！

zǎo chūn
早 春

táng hán yù
［唐］韩愈

tiān jiē xiǎo yǔ rùn rú sū， cǎo sè yáo kàn jìn què wú。
天街小雨润如酥，草色遥看近却无。

zuì shì yì nián chūn hǎo chù， jué shèng yān liǔ mǎn huáng dū。
最是一年春好处，绝胜烟柳满皇都。

★好书推荐★

看一看绘本：《讲给孩子的二十四节气》（刘兴诗 / 文　段张取艺 / 图）

【项目作业二】表达与交流

听爸爸妈妈讲一讲《清明柳》。请你听完后，把故事讲给好朋友听。

清明柳

公元前 656 年，晋国公子重耳为逃避对手的迫害，不得不走上流亡之路。

一行人风餐露宿，饥寒交迫。在卫国的一处荒野，重耳再无力支撑，两眼一黑晕了过去。

“能吃的东西早已吃光了。”

“这怕是要出人命啊。”

“快去找啊，找到人家就能要口吃的。”

随从们焦急万分，你一言我一语地出着主意。唯有介子推一言不发，他踱着步子走到僻静处，拔出腰上的宝剑，从大腿上割下一块肉。

其余人一看，惊呆了，赶紧煮了一锅肉汤。重耳慢慢地喝下肉汤，果然恢复了精神。当他得知肉的来源，不禁流下了眼泪。

十九年后，重耳回到晋国登上王位，他就是历史上赫赫有名的晋文公。当年一同流亡的功臣们，重耳统统重赏，唯独少了介子推。

大家为介子推抱不平：“你奔走效劳了十九年，还曾经割股救君，为什么不去请赏？”

“我不指望当官，也不愿争夺名利。”介子推说罢，当即收拾了行装，带上老母亲到山上去隐居了。

事情一传开，晋文公羞愧难当。他感念肉汤的恩情，决意要亲自去请介子推出山。深山老林，树荫繁茂，想要寻出一个人，谈何容易？晋文公一筹莫展之际，一人提议道：“放火烧山，一定可以逼出介子推。”

晋文公默许了，同意放火烧山。可是直至山林烧成一片黑炭，始终不见介子推的身影。火熄后，人们才发现了介子推——身上背着老母，坐在一棵老柳树下，已经死去多时。树洞里有一封血书，上面写着：“割肉奉君尽丹心，但愿主公常清明。”

晋文公恸哭不已，下令将这一天定为“寒食节”，任何人不得生火做饭。

第二年，晋文公率领臣子祭奠介子推，发现枯焦的老柳树竟然复生，便赐名为“清明柳”，并把寒食节的后一天定为清明节。

和爸爸妈妈聊一聊：

故事中的哪个人物令你印象深刻？你有什么话想对他讲一讲？

【项目作业三】梳理与探究

“碧玉妆成一树高，万条垂下绿丝绦。”这句诗中的柳树多美啊！请你读一读，说一说由这句诗你想到的是什么样的柳树，再把你想到的画一画。

识字补给站

1. 圈出“项目作业一”的古诗中不认识的字，试着自己拼读准确。

2. 积累和“柳”相关的词语。

杨柳依依（yáng liǔ yī yī） 柳绿花红（liǔ lǜ huā hóng） 柳莺花燕（liǔ yīng huā yàn）

柳暗花明（liǔ àn huā míng） 柳絮似棉（liǔ xù sì mián）

桃花朵朵开

“暖暖的春风迎面吹，桃花朵朵开……”春姑娘来了，小溪叮咚欢唱，小草探出脑袋，柳枝弯了弯腰，各色的花儿也都争相开放啦！今天，让我们一起到大自然中去寻找桃花仙子的身影吧！

活动过程

活动项目：观察桃花

活动场所：桃花林

活动时长：15 分钟

和爸爸妈妈一起，仔细地看一看桃花的样子，摸一摸花瓣，闻一闻桃花。

和爸爸妈妈说一说：桃花是什么颜色的？桃花的形状怎么样？桃花摸起来是什么感觉？桃花闻起来是什么味道？

想一想：桃树开花后都会结出桃子吗？

也可以问一问爸爸妈妈：桃花为什么先开花后长叶呢？

学习目标：

1. 能对观察桃花感兴趣，感受春天的美好。

2. 能善于思考，主动发问。

学习项目：

【项目作业一】阅读与鉴赏

和爸爸妈妈一起朗读这首古诗吧！

tí dū chéng nán zhuāng
题都城南庄

táng cuī hù
［唐］崔护

qù nián jīn rì cǐ mén zhōng， rén miàn táo huā xiāng yìng hóng。
去年今日此门中，人面桃花相映红。
rén miàn bù zhī hé chù qù， táo huā yī jiù xiào chūn fēng。
人面不知何处去，桃花依旧笑春风。

★好书推荐★

看一看绘本：《桃花源的故事》（[日] 松居直 / 文 蔡皋 / 图）

【项目作业二】表达与交流

听爸爸妈妈讲一讲神话故事《桃花源的传说》。请你听完后，把故事讲给家人、好朋友听。

桃花源的传说

很久很久以前，在一片茂密的桃花源前面有一个桃花潭，潭里住着一只大乌龟，尖尖的嘴巴向下勾着，好像鹦鹉的嘴巴。龟壳上长着毛茸茸的背鳍，四只脚和尾巴特别长。因为它的身上披着金黄色的龙鳞甲片，所以大家都称呼它为“黄灵龟”。

据说这黄灵龟是上天派来镇守桃花潭的。每当遇到干旱时节，只要村民们对着黄灵龟祈祷，就顿时电闪雷鸣，不一会儿就下起了瓢泼大雨。老百姓都十分感激它。大家见它非常灵验，就奉它为神明供着。

当地有一个财主十分贪婪，他很想把这只黄灵龟占为己有，这样遇到干旱季节，就可以向来祈祷的村民们收钱。可是怎么样才能抓到黄灵龟呢？他想了很久。

趁一个月圆之夜，他悄悄来到桃花潭前，只见黄灵龟正浮出水面，对着明晃晃的月亮，一呼一吸，吐纳空气。老财主连忙取出早就准备好的铁钩，向着黄灵龟抛去。黄灵龟还没有被捕到，却传来“扑通”一声，老财主脚底一滑，一不小心掉入了潭水中。正好有人经过，就用老财主的铁钩把他钩了上来。可是，老财主早已灌了一肚子潭水，一命呜呼了。

忽然，天空中一声巨响，划出一道金光，潭水四溅，黄灵龟缓缓爬出桃花潭，直上云霄，腾云而去。从此，桃花源再也见不到黄灵龟了。

和爸爸妈妈聊一聊：

桃花潭里的黄灵龟为什么再也不回来了？

【项目作业三】梳理与探究

用彩泥捏一捏，试着做一枝桃花吧。或者用油画棒、彩色铅笔画一画，画一片桃树林。看着作品，和爸爸妈妈说一说：春天，桃花盛开时的美丽景色是怎样的？

识字补给站

1. 圈出“项目作业一”的古诗中不认识的字，试着自己拼读准确。

2. 积累关于“桃”的成语。

shì wài táo yuán　tóu táo bào lǐ　lǐ dài táo jiāng
世外桃源　投桃报李　李代桃僵

èr táo shā sān shì　táo lǐ biàn tiān xià
二桃杀三士　桃李遍天下

春天吃茶去

冬去春来，绿茶冒芽。一缕清雅的茶香，让中国数千年的历史文化散发着沁人心脾的芬芳。今天我们就和这小小的茶叶做好朋友，感受“坐酌泠泠水，看煎瑟瑟尘”的乐趣吧。

活动过程

活动项目：认识绿茶

活动场所：茶园

活动时长：15 分钟

和爸爸妈妈看一看：绿茶茶叶的样子。

闻一闻：绿茶茶叶的气味。

和爸爸妈妈说一说：绿茶茶叶是什么形状？绿茶茶叶是什么颜色？绿茶闻起来是什么味道？

想一想：不同品种的茶叶闻起来味道都一样吗？

也可以问一问爸爸妈妈：茶叶还有哪些种类？

学习目标：

1. 能对观察茶叶产生兴趣，认识绿茶。

2. 能口头表达自己的见闻和想法。

学习项目：

【项目作业一】阅读与鉴赏

和爸爸妈妈一起朗读这首有趣的宝塔诗吧！

yí zì zhì qī zì shī · chá
一字至七字诗·茶

táng yuán zhěn
［唐］元稹

chá
茶。

xiāng yè, nèn yá
香叶，嫩芽。

mù shī kè, ài sēng jiā
慕诗客，爱僧家。

niǎn diāo bái yù　luó zhī hóng shā
碾雕白玉，罗织红纱。
diào jiān huáng ruǐ sè　wǎn zhuǎn qǔ chén huā
铫煎黄蕊色，碗转曲尘花。
yè hòu yāo péi míng yuè　chén qián mìng duì zhāo xiá
夜后邀陪明月，晨前命对朝霞。
xǐ jìn gǔ jīn rén bú juàn　jiāng zhī zuì hòu qǐ kān kuā
洗尽古今人不倦，将知醉后岂堪夸。

★好书推荐★

看一看绘本：《春茶》（吴烜 / 文　春鱼秋鸟 / 图）

【项目作业二】表达与交流

听爸爸妈妈讲一讲《神农与茶》，请你听完后，把故事讲给家人、好朋友听。

神农与茶

很久很久以前，人们没有工具，也不会种植粮食，许多人没有东西吃，就靠采摘果子和打猎为生。但是一不小心就会因为误食了有毒的果实而生病，甚至死亡。当时的首领神农，看到自己的子民因为吃了有毒的果子生病感到非常痛心，决定亲尝百草，以身试毒。

有一次，神农在品尝百草的时候中了毒，口干舌麻，全身乏力，晕倒在山脚下。不知过了多久，神农醒来时，发现身边有一棵小树，翠绿的树叶还带有淡淡的清香，神农随手采下一片放入口中咀嚼起来。虽然味道有些苦涩，但忽然感觉舌根生津，神清气爽。他连吃了几片，几个小时后，身上的剧毒竟然解了。

神农采摘了很多绿叶带回来，通过多次煎服，他发现了汤汁有生津、解渴、利尿等很多功效。因为神农第一次品尝茶汤时，感到汁液在肚内到处流动，好像一位搜查官在肚子里“查来查去”，把肠胃里的脏东西清洗得十分干净，于是神农把这些小小的绿叶命名为“茶”。

和爸爸妈妈聊一聊：

神农为什么把这些绿叶取名为“茶”？

【项目作业三】梳理与探究

拿出一个玻璃杯，将茶叶放进杯子里，再把热水倒进玻璃杯内，泡出香浓的茶水，再端给爸爸妈妈尝一尝。请你也尝一尝自己泡的茶，说一说你在泡茶过程中观察到的茶叶的变化和品尝的茶水的味道。

识字补给站

1. 圈出“项目作业一”的宝塔诗中不认识的字，试着自己拼读准确。

2. 积累和“茶”有关的词语。

qìn rén xīn pí　　qīng chá dàn huà　　chún chǐ liú xiāng
沁人心脾　　清茶淡话　　唇齿留香

探秘春笋

世界上有这样一种神奇的植物，它在土里的时候，一个月只能生长几厘米。但是，等它冒出头就能飞快生长，最快的时候一天能长三十厘米！这就是春笋。这一次，让我们一起走进小竹林，去看一看春笋吧！

活动过程

活动项目：观察春笋

活动场所：小竹林

活动时长：15 分钟

和爸爸妈妈一起挖一挖春笋，看一看：春笋的样子。摸一摸：春笋的表面。

和爸爸妈妈说一说：春笋的形状像什么？春笋摸起来是什么感觉？

想一想：春笋的形状对它从土壤里钻出来有什么帮助呢？

也可以问一问爸爸妈妈：春笋、冬笋、毛笋有什么不一样？

学习过程

学习目标：

1. 能仔细观察春笋，产生了解春笋的兴趣。
2. 能主动发问，乐于表达。

学习项目：

【项目作业一】阅读与鉴赏

和爸爸妈妈一起朗读下面这首有趣的古诗吧！

chū shí sǔn chéng zuò zhōng
初食笋呈座中

táng lǐ shāng yǐn
［唐］李商隐

nèn tuò xiāng bāo chū chū lín, yú líng lùn jià zhòng rú jīn
嫩箨香苞初出林，於陵论价重如金。
huáng dū lù hǎi yīng wú shù, rěn jiǎn líng yún yí cùn xīn
皇都陆海应无数，忍剪凌云一寸心。

★好书推荐★

看一看绘本：《神奇的竹笋》（[日]松野正子/著　濑川康男/绘　李颖/译）

【项目作业二】表达与交流

听爸爸妈妈讲一讲《哭竹生笋》。请你听完后，把故事讲给家人、好朋友听。

哭竹生笋

古时候有个人，他的名字叫作孟宗。孟宗很小的时候，父亲就去世了，只有母亲一个人辛辛苦苦地抚养他。

孟宗的母亲非常辛苦，不仅要照顾年幼的孟宗，还要下地做农活，没过几年，身体就坚持不下去，病倒了。看到母亲病倒了，年幼的孟宗非常担心，赶紧找来了医生为母亲看病。医生来到孟宗的家里，为孟宗的母亲看完病后说，用新鲜的竹笋煮汤就能够治好。可这时正是寒冬腊月，外面下着茫茫大雪，地上积了厚厚的一层，家里又没有新鲜的竹笋，这可怎么办呢？

孟宗为了治好母亲，冒着大雪，一个人拿着小锄头就跑上了山。他来到山上的竹林，想要为母亲找一些新鲜的竹笋。可是孟宗年纪小，雪又很厚，他找了半天也没有找到竹笋的影子。时间一点一点过去，天色渐渐暗了下去，他还没有找到竹笋，着急坏了，扶着竹子就哭了起来。他的眼泪滴答滴答掉在地上，感动了身旁的竹子。

于是，奇迹发生了。厚厚的雪地里发出了“咯吱咯吱”的声音。孟宗低头一看，雪地中竟然冒出了许多小笋尖！孟宗开心极了，拿起自己的小锄头，刨开了雪，挖开了地，将竹笋完完整整地挖了出来，带回了家。

回到家后，孟宗将新鲜的竹笋煮成了竹笋汤，母亲喝了竹笋汤，身体逐渐好了起来。

和爸爸妈妈聊一聊：

孟宗为了治好母亲，做了哪些事情呢？结果怎么样？

【项目作业三】梳理与探究

请和爸爸妈妈一起剥一剥春笋吧！可以试一试从下往上一片片剥或者从上往下一起剥。剥完后，再和爸爸妈妈说一说两种方式剥起来有什么不同的感觉，哪种方式更快。

识字补给站

1. 圈出“项目作业一”的古诗中不认识的字，试着自己拼读准确。

2. 积累与“笋”有关的四字词语。

yǔ hòu chūn sǔn　　chūn sǔn nù fā　　hán lín sǔn chū

雨后春笋　　春笋怒发　　寒林笋出

长在树上的蔬菜

每年的谷雨前后，香椿树发芽了。那芽儿又嫩又厚，绿叶红边，犹如玛瑙。站在树下，你能闻到浓郁的香味。这香椿芽还能做成美味的菜肴让你品尝呢！

活动过程

活动项目：采摘香椿芽

活动场所：森林或香椿树培育农场

活动时长：15 分钟

在爸爸妈妈的帮助下，采采：可食用的香椿芽。看看：香椿芽的样子。闻闻：香椿芽的气味。

和爸爸妈妈说一说：香椿芽的形状、颜色、气味。

想一想：香椿芽可以做成什么菜？

也可以问一问爸爸妈妈：香椿芽有什么营养价值？

学习过程

学习目标：

1. 通过采摘香椿芽，感受植物的神奇。
2. 乐于提问，了解香椿。

学习项目：

【项目作业一】阅读与鉴赏

和爸爸妈妈朗读这首赞美香椿的诗吧！

yǒng xiāng chūn
咏香椿

qīng kāng yǒu wéi
［清］康有为

shān zhēn gěng féi shēn wú huā, yè jiāo zhī nèn duō chà yá.
山珍梗肥身无花，叶娇枝嫩多杈芽。
cháng chūn bù lǎo hàn wáng yuàn, shí zhī jìng yuè xiāng chǐ jiá.
长春不老汉王愿，食之竟月香齿颊。

★好书推荐★

看一看绘本：《中国植物，很高兴认识你》（米莱童书/著、绘）

【项目作业二】表达与交流

听爸爸妈妈讲一讲《美味的香椿》。请你听完后，把故事讲给家人、好朋友听。

美味的香椿

香椿，又名香椿芽、香桩头、大红椿树、香铃子等。香椿富含蛋白质、多种维生素、胡萝卜素和对人体有益的微量元素，不仅营养丰富，而且口感香醇。早在汉代，食用香椿芽的习俗就已遍布我国的大江南北。

相传汉高祖刘邦在与楚霸王项羽决战时，因兵败，在徐州萧县的皇藏峪避难。这天，他饥肠辘辘（lù lù），便向当地的山民讨要吃食。山民想招待他，但家中无菜可煮，当天刚好是谷雨，山民便从香椿树上掰下一把嫩嫩的香椿芽，仔细烹饪了“香椿托盘”和“生油拌香椿”两个菜。

刘邦吃后，感觉香椿无比美味，妙不可言，便问山民：“这香椿芽为什么如此好吃？”山民答道：“雨前香椿嫩如丝，雨后香椿生木质。”刘邦听后，看着半山坡上生长的数棵香椿树说：“但愿香椿长春！”

香椿芽香嫩可口，香椿树也常常被视为长寿的象征。在庄子的《逍遥游》中有这样一句话：“上古有大椿者，以八千岁为春，八千岁为秋，此大年也。”这句话的意思是：上古时代的大椿树以人间八千年当作自己的一年。可见，香椿树寿命之长久。因此，后人常以“椿寿”作为对长辈的祝福，希望长辈像香椿树一样长生不老。宋代无名氏的一首贺寿词里，就有这样的句子：“寿堂已庆灵椿老，年年岁岁，重添嫩叶，频长繁枝。”

愿天下的老人都如这香椿树一般福泰安康、万寿无疆。

和爸爸妈妈聊一聊：

为什么刘邦希望香椿长春？

【项目作业三】梳理与探究

准备 150 克新鲜的香椿芽，100 毫升橄榄油，5 克盐。和爸爸妈妈一起做一做香椿酱：首先，将 100 毫升橄榄油和 5 克盐倒入料理机中，然后加入焯水晾干后的香椿芽，接着把它们打成泥，倒入干净的玻璃瓶中密封保存。把做好的香椿酱取一两勺拌入面条中，先尝一尝香椿酱拌面的味道，再说一说和其他拌面（如葱油拌面或花生酱拌面）在口味上的不同。

识字补给站

1. 圈出“项目作业一”的诗中不认识的字，试着自己拼读准确。

2. 积累和“香椿”有关的词语。

chūn líng wú jìn 椿龄无尽　chūn tíng xuān táng 椿庭萱堂　chūn xuān bìng mào 椿萱并茂

xuān huā chūn shù 萱花椿树　chūn tíng xuān shì 椿庭萱室

“莓”好时光

熟透了的草莓穿着红艳艳的“外衣”，头上戴顶绿色的“遮阳帽”，样子可爱极了。今天，咱们一起好好地观察观察草莓吧！

活动项目：观察草莓

活动场所：草莓果园

活动时长：15 分钟

和爸爸妈妈一起看一看：草莓的样子。

摘一摘草莓，尝一尝：草莓的味道。

和爸爸妈妈说一说：草莓是什么颜色？它的形状是什么样的？它吃起来是什么味道？

想一想：草莓表皮上的小籽有什么用？

也可以问一问爸爸妈妈：草莓的小籽为什么长在外面？

学习目标：

1. 能对观察草莓产生兴趣。
2. 能展开丰富的想象，试着主动发问。

学习项目：

【项目作业一】阅读与鉴赏

和爸爸妈妈一起读一读这首有趣的童谣吧！

cǎo méi
草莓

yú diǎn chuàng biān
俞点 / 创编

xiǎo cǎo méi, hóng yàn yàn, zhī ma diǎn, quán shēn zhǎng.
小草莓，红艳艳，芝麻点，全身长。
lǜ xiǎo mào, dài tóu shang, yǎo yì kǒu, zhēn tián nà!
绿小帽，戴头上，咬一口，真甜呐！

★好书推荐★

看一看绘本：《草莓》（[日]荒井真纪/文、图 田秀娟/译）

【项目作业二】表达与交流

听一听爸爸妈妈讲的《种草莓》。请你听完后，把故事讲给家长、好朋友听。

种草莓

竹孙

春天到了，春雨淅淅沥沥地下个不停。地上的小草钻出尖尖的小脑袋，就像大地长出一绺绺绿色的头发。

小弟和妈妈把三棵草莓苗儿栽在花盆里。几片绿绿的小叶儿挤在一起，真像一朵绿色的小花。

细细的春雨洒下来，淋在小叶上，叶儿慢慢长大了。暖暖的太阳出来，照在花盆上，小小的苗儿长高了一点儿。轻轻的春风吹来，吹在小苗上，小苗儿又长高了一点儿。小弟用小铲给它松松土，小苗儿更壮了。

小草莓开花了，小小的，白白的，小指甲片儿大，不漂亮，也不香。小小的花儿凋谢后，出现了一颗绿豆般的小疙瘩。小绿疙瘩一天天长大，颜色也慢慢变浅，成了豌豆那么大的小果儿了。

小弟每天早上都要趴在阳台上呆呆地看着。小草莓好像知道小弟的心思，一个劲儿地长。小草莓像蚕豆一样大了，朝外的一面开始发红。妈妈说要让它们多晒太阳，小弟每天都把花盆转一面，让每个小草莓都能晒到。

小草莓成熟了，头儿尖尖的，果儿大大的，红得发亮，衬着绿色的叶子，美丽极了。小弟摘下三颗草莓放在盘里，一颗给爸爸，一颗给妈妈，还有一颗给自己。他轻轻咬了一口，好甜呀，带点酸味；好香呀，满嘴果汁香气。小弟吃了还想再吃，他跑到阳台上一看，三棵草莓又开了好几朵白白的小花儿呢！

和爸爸妈妈聊一聊：

小弟和妈妈种下的草莓苗儿的变化过程。

【项目作业三】梳理与探究

请你准备好草莓、白色和黑色的奶油，和爸爸妈妈一起做一做草莓雪人：先将草莓在三分之二处切开，大块草莓做雪人的身体，在大块草莓上挤上白色奶油；再盖上小块草莓当作雪人的帽子；最后，用黑色奶油画出草莓雪人的五官。你制作的草莓雪人就完成啦！和爸爸妈妈说一说：草莓雪人可能会去哪里？又想去做些什么呢？

识字补给站

1. 圈出“项目作业一”的童谣中不认识的字，试着自己拼读准确。

2. 积累和“草莓”有关的词语。

shuǐ líng líng　hóng yàn yàn　xiān nèn yù dī
水灵灵　红艳艳　鲜嫩欲滴

xiāng tián kě kǒu　fāng xiāng wèi nóng
香甜可口　芳香味浓

碧波粼粼

"春江潮水连海平，海上明月共潮生。"海，神秘而美丽，在诗人们的眼中，大海总能给人带来各种各样的启迪。这一次，让我们一起亲近大海，去了解它的秘密吧！

活动过程

活动项目：观察大海

活动场所：海边

活动时长：15 分钟

和爸爸妈妈一起，仔细地看一看：大海的样子。

听一听：大海的声音。

和爸爸妈妈说一说：大海的颜色和海浪的形状。

在海边，你能听到哪些声音？

想一想：大海给你留下了什么样的印象？

也可以问一问爸爸妈妈：有哪些关于“海”的诗歌？

学习过程

学习目标：

1. 能细心观察大海，亲近自然。
2. 能大胆表达自己的感受。

学习项目：

【项目作业一】阅读与鉴赏

和爸爸妈妈一起朗读这首有趣的童谣吧！

shuǐ jīng gōng lǐ zhēn měi lì
水晶宫里真美丽

mín jiān tóng yáo
民间童谣

hóng shān hú，dā wǔ tái，hǎi dài wéi mù guà qǐ lái。
红珊瑚，搭舞台，海带帷幕挂起来。

dēng long yú diǎn qǐ wǔ cǎi dēng，hǎi kuí huā er duǒ duǒ kāi。
灯笼鱼点起五彩灯，海葵花儿朵朵开。

xiǎo fēi yú ya fēi de gāo，xiǎo hǎi tún ya yóu de kuài。
小飞鱼呀飞得高，小海豚呀游得快。

mò yú fàng chū yān wù dàn　　jīng yú pēn chū shuǐ huā lái
墨鱼放出烟雾弹，　鲸鱼喷出水花来。
hǎi dǐ shì jiè duō shén qí　　shuǐ jīng gōng lǐ zhēn měi lì
海底世界多神奇，　水晶宫里真美丽。

★好书推荐★

看一看绘本：《大海里我最大》（[美]凯文·谢利/著　于姝/译）

【项目作业二】表达与交流

听爸爸妈妈讲一讲神话故事《八仙过海，各显神通》。请你听完后，把故事讲给家人、好朋友听。

八仙过海，各显神通

相传三月三是王母娘娘的生辰，在这一天，各路神仙都会齐聚瑶池为王母娘娘祝寿。这不，今年热闹的寿宴又开席了，神仙们吃着美食，喝着美酒，真是逍遥快活！等寿宴结束，八位神仙结伴离去，路过东海。

海面上波光粼粼，风光无限美好。铁拐李将手中铁拐往下一扔，只见这把铁拐杖变成了一艘精巧的小船。铁拐李洋洋得意地说道："这么美丽的风光，与其腾云驾雾，倒不如乘船游览。"

汉钟离看了一眼，也甩出自己手中的扇子，扇子越变越大，最终变成了一艘宽大柔软的芭蕉树叶船。两人登上各自的“船”，惬意地坐下，等着看其他仙人的神通。

吕洞宾拔出他的青龙宝剑，那把剑遇水的瞬间幻化成一条大青龙，驮着吕洞宾乘风破浪，真是威风极了！曹国舅看了看自己手中的乐器——檀香云阳板，手一挥，一艘玲珑精美的檀香小木船出现了。蓝采和抛出自己手中的花篮，花篮旋转变大，花香四溢，他躺在花丛间放声高歌。韩湘子气定神闲，手中玉箫一转眼已变成青玉竹筏，他飘然而立，玉树临风。何仙姑默默念动仙语，幻化出的荷花船衬得她分外美丽动人。

张果老走在最后面，他不慌不忙，从袖口中掏出一张纸折成的驴儿，朝驴儿吹一口仙气，那驴儿顿时长高长大。张果老倒骑上驴背，那毛驴儿便欢快地嘶鸣，踏着浪花追上前去。

一时间，八仙过海，各显神通。八件宝物熠熠生辉，照得东海龙宫里的虾兵蟹将都睁不开眼了！

和爸爸妈妈聊一聊：

故事里的哪位神仙给你留下了最深刻的印象？如果你也是一位神仙，你想用什么样的“法宝”过海？

【项目作业三】梳理与探究

拿一个透明的杯子，装一装海水，说一说它的颜色和我们平时看到的有什么不一样。问一问爸爸妈妈，为什么会有这样的变化。

识字补给站

1. 圈出“项目作业一”的童谣中不认识的字，试着自己拼读准确。

2. 积累与“海”有关的词语。

wǔ hú sì hǎi　　hǎi nà bǎi chuān　　hǎi shì shèn lóu
五湖四海　　海纳百川　　海市蜃楼

hǎi kuò tiān kōng　　fān jiāng dǎo hǎi
海阔天空　　翻江倒海

贝壳历险记

阳光下，像玛瑙；沙滩上，吐泡泡。它是美丽的珍宝，一开一合真热闹，聆听大海的歌谣。今天就让我们一起走近贝壳，细听小贝壳的探险故事吧！

活动过程

活动项目：观察贝壳

活动场所：海边或海滩上

活动时长：15 分钟

和爸爸妈妈一起捡一捡贝壳，仔细地看一看：贝壳的样子。轻轻摸一摸：贝壳的表面。

和爸爸妈妈说一说：找到的贝壳有什么样的形状和花纹，它们有什么不一样？它摸起来有什么感觉？

想一想：日常生活中，你都见过哪些可食用的贝类？

也可以问一问爸爸妈妈：贝壳是怎样变出珍珠的？

学习目标：

1. 能留心观察贝壳，感受大自然的美好。
2. 能大胆表达自己的感受，主动发问。

学习项目：

【项目作业一】阅读与鉴赏

和爸爸妈妈一起朗读这首诗歌吧！

bèi ké
贝壳

xiǎo xiǎo bèi ké zhēn táo qì, wǔ guāng shí sè duō měi lì
小小贝壳真淘气，五光十色多美丽。
bèi shang diāo kè huā wén lǐ, xiōng zhōng bāo róng cū shā lì
背上雕刻花纹理，胸中包容粗沙砾。
bú wèi jiān nán bú fàng qì, cáng zhe huà zhū de mì mì
不畏艰难不放弃，藏着化珠的秘密。

★好书推荐★

看一看绘本：《贝壳的秘密》（[法]伊娃·本赛哈德/著 安－海伦·杜普雷/绘 邓韫/译）

【项目作业二】表达与交流

听爸爸妈妈讲一讲《贝壳与珍珠》。请你听完后，把故事讲给家人、好朋友听。

贝壳与珍珠

海滩边，汹涌的海水不停地拍打着沙滩，火热的阳光猛烈地炙烤着贝壳。

一些贝壳在阳光下闪闪发亮，闪耀着五彩斑斓的光泽，漂亮极了。他们迫不及待地打开外壳，骄傲地展示着自己的美丽。

只有一只小贝壳，被坚硬的石头和翻滚的海水不断地冲刷着，渐渐磨去了精美别致的花纹，慢慢失去了夺目耀眼的色彩，随后被埋进厚厚的沙堆里。

“屋漏偏逢连夜雨”，可怕的打击接二连三地向小贝壳涌来。一颗尖利的小石子钻进他柔软的身体，日夜不停地磨砺着它。钻心刺骨的疼痛让他坐立难安，剧烈的痛苦让他几乎失去了知觉。

其他贝壳七嘴八舌地议论着："我们的外壳有各式各样的花纹，他的壳不仅黑黢黢的，还很粗糙，真难看！"其他贝壳更加骄傲了，他们大模大样地打开外壳，得意地炫耀着，任凭阳光和海水掏空自己柔软的身体。

听了这些话，小贝壳并不在意，他只是默默地包裹住多棱的小石子，试着将小石子变得光滑。这颗小石子把他磨炼得更加坚毅了，他不再惧怕澎湃的海浪会击碎他，也不再担忧粗糙的沙砾刮花他，更不再因小石子而备受煎熬。他用力呼吸，奋力成长，耐心等待破土而出、重见光明的那一天。

数不清的日子就这样过去了。有一天，一个人来到了这片海滩。他无视沙滩上那些五颜六色却空心的贝壳，偶然中，他踩中了那枚小贝壳，便轻轻拾起。他意外发现这枚不起眼的小贝壳里竟孕育着一颗偌大无比、光彩夺目的珍珠！他大声地欢呼起来："这真是一颗稀有的美丽的珍珠！"这颗珍珠的光芒让沙滩上所有的贝壳都惊叹不已。

咬牙坚持着的小贝壳最终经受住了时间的检验。

和爸爸妈妈聊一聊：

你觉得这是一只怎样的小贝壳？他为什么能孕育出美丽的珍珠呢？

【项目作业三】梳理与探究

请你准备贝壳、胶水、卡纸、水彩笔，先看一看下面的贝壳贴画，再试着做一做。再和爸爸妈妈说一说你设计的贝壳贴画画的是什么。

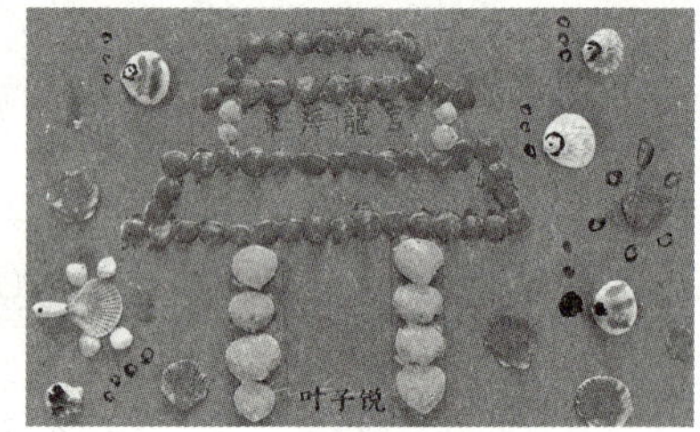

识字补给站

1. 圈出“项目作业一”的诗歌中不认识的字，试着自己拼读准确。

2. 积累和“贝壳”有关的成语。

yù bàng xiāng zhēng yú wēng dé lì	guǎn kuī lí cè
鹬蚌相争，渔翁得利	管窥蠡测

chǐ rú biān bèi	shù bèi hán xī	zhū gōng bèi què
齿如编贝	束贝含犀	珠宫贝阙

横行霸道的“剪刀手”

“手拿两把大剪刀，身上穿着铁甲袍；要是有人来惹我，请他吃我两剪刀。”你猜到这是谁了吗？让我们一起去认识这位“横行霸道”的“剪刀手”——螃蟹！

活动过程

活动项目：观察螃蟹

活动场所：生鲜超市或海鲜市场

活动时长：15 分钟

在爸爸妈妈的带领下，仔细地看一看：了解螃蟹的样子、身体各部位。

和爸爸妈妈说一说：螃蟹长什么样？它的身体各部位有什么特点？

想一想：螃蟹都喜欢生活在海滩里吗？

也可以问一问爸爸妈妈：螃蟹为什么横着走？

学习过程

学习目标：

1. 能留心观察，了解螃蟹，并产生兴趣。
2. 乐于与他人交谈自己的观察所得。

学习项目：

【项目作业一】阅读与鉴赏

和爸爸妈妈一起读一读这首描写螃蟹的古诗吧！

yǒng páng xiè chéng zhè xī cóng shì
咏螃蟹呈浙西从事

táng pí rì xiū
［唐］皮日休

wèi yóu cāng hǎi zǎo zhī míng， yǒu gǔ hái cóng ròu shangshēng。
未游沧海早知名，有骨还从肉上生。
mò dào wú xīn wèi léi diàn， hǎi lóng wáng chù yě héng xíng。
莫道无心畏雷电，海龙王处也横行。

★好书推荐★

看一看绘本：《螃蟹的生意》（新美南吉、山口真生/文　彭懿/图　周龙梅/译）

【项目作业二】表达与交流

听爸爸妈妈讲一讲《普松买螃蟹》。请你听完后，把故事讲给家人、好朋友听。

普松买螃蟹

一天早上，普松妈妈让普松拿着篮子到市场上去买螃蟹。

普松买好五只大螃蟹准备回家时，耳边传来了一群孩子快乐嬉戏的声音。听着那欢笑的声音，他多想加入他们一起玩呀。可是篮子里的螃蟹又爬又抓，一点儿都不安分。于是，普松打开篮子对螃蟹说："你们真烦，想回家吗？那你们就先回去吧，给妈妈捎个信说我就回来！"他把篮子一倒，螃蟹可一点不客气，都爬走了。

普松玩了个痛快，到中午肚子饿得慌才想起回家。"最大的三只归我吃，还有两只给妈妈吃，妈妈一定会答应的。"想着大螃蟹馋人的味道，普松赶紧加快脚步。

走到家门口，妈妈却靠着门正等他。"你去哪里玩了？

一上午都不见人影，螃蟹呢？”普松听了大吃一惊：“什么？我一买好就让它们先回来了，都三个小时了！”妈妈一听又急又气，抓住他就打。可普松不服气地说：“干嘛打我，该打的明明是螃蟹。”

挨了妈妈一顿打的普松第二天就要去找螃蟹算账。沿着河边，走在去市场的路上，普松忽然看见一只螃蟹钻进了沙洞。“好呀，你就是昨天逃跑的那只吧！你的同伙呢？”普松立刻往洞里瞧，可洞里黑漆漆的。“胆小鬼，快出来，我不会放过你们的！”普松等了一会儿，不管是这个沙洞，还是周围，都没动静。

“哼，真狡猾！”等得不耐烦的普松，伸手往洞里掏。“哎哟！”普松哇哇叫着，他的两个手指被洞里的螃蟹夹住了。挣扎了好久，普松才抽出手来，大哭大叫着跑走了。

到现在，普松还有两个手指头比其他八个手指头短呢，就因为被螃蟹给夹掉了。

和爸爸妈妈聊一聊：

普松买螃蟹，结果不仅没吃到，还挨了打，被夹了手指，这是为什么呢？

【项目作业三】梳理与探究

请你准备卡纸、螃蟹壳、画笔等，先看一看下列图片，再用洗干净的螃蟹壳做一做创意拼贴画。完成后，向爸爸妈妈展示你的创意作品，说一说你是怎么巧用螃蟹壳制作拼贴画的，再说一说这幅拼贴画让你想象出什么样的画面。

识字补给站

1. 圈出“项目作业一”的古诗中不认识的字，试着自己拼读准确。

2. 积累与“螃蟹”有关的词语。

luò tāng páng xiè	xiā bīng xiè jiàng	gāo sì níng zhī
落汤螃蟹	虾兵蟹将	膏似凝脂

héng xíng bà dào	zhāng yá wǔ zhǎo
横行霸道	张牙舞爪

口齿伶俐的小精灵

一提到口齿伶俐的小精灵，你是否能想到今天的主人公？是的，就是鹦鹉！鹦鹉的嘴型很特别，羽毛的颜色非常丰富，长得很漂亮，有些鹦鹉还会学人类说话。这一次，让我们一起走进动物园，观察这位“口齿伶俐的小精灵”吧！

活动项目：观察鹦鹉

活动场所：动物园

活动时长：15 分钟

和爸爸妈妈一起，认真地看一看：鹦鹉的样子。试着教一教鹦鹉学你说话。

和爸爸妈妈说一说：鹦鹉羽毛的颜色和嘴巴的特点。

你教鹦鹉说话的过程中有什么感受？

想一想：鹦鹉的嘴型有什么作用？

也可以问一问爸爸妈妈：为什么有的鹦鹉能学人说话？

学习目标：

1. 能对观察小动物产生兴趣。
2. 能独立思考，展开想象，主动发问。

学习项目：

【项目作业一】阅读与鉴赏

和爸爸妈妈一起朗读这首有趣的古诗吧！

yīng wǔ
鹦鹉

táng luó yǐn
［唐］罗隐

mò hèn diāo lóng cuì yǔ cán， jiāng nán dì nuǎn lǒng xī hán
莫恨雕笼翠羽残，江南地暖陇西寒。

quàn jūn bú yòng fēn míng yǔ， yǔ de fēn míng chū zhuǎn nán
劝君不用分明语，语得分明出转难。

★好书推荐★

看一看绘本：《本吉和鹦鹉》（玛格丽特·布罗伊·格雷厄姆/文、图　赵静/译）

【项目作业二】表达与交流

听爸爸妈妈讲一讲《善于学舌的鹦鹉》。请你听完后，把故事讲给家人、好朋友听。

善于学舌的鹦鹉

有一只鹦鹉因善于学舌，深得主人的喜爱，主人训练它学会“待客三部曲”。鹦鹉虽然不了解其中的意思，但是模仿得惟妙惟肖。

“欢迎光临”——每当有客人前来拜访时，鹦鹉就会热情地打招呼。当主人在给客人递茶时，鹦鹉会替主人劝茶：“不必客气！”当客人要离开时，鹦鹉还会很有礼貌地向客人道别：“欢迎再来！”这时，客人都免不了要对鹦鹉夸奖一番，主人挣足了面子，对鹦鹉更加关爱，鹦鹉也得意非凡。因此，只要有人来，鹦鹉总会不厌其烦地重复这“待客三部曲”。

一天，小偷趁主人去旅游，上门来行窃。他悄悄撬开大门，小心翼翼地走进大厅，鹦鹉一看到他，就兴奋地打招呼："欢迎光临！"小偷大吃一惊，正准备逃走时，看清楚是鹦鹉在叫唤，他放下心来。小偷闯进屋里翻箱倒柜，把贵重的物品搜罗打包后，走到大厅，又听到鹦鹉"不必客气"的叫声，不禁笑出了声。小偷正想提着赃物赶紧离开，刚走到大门口，后面传来鹦鹉热情的送行声"欢迎再来"！小偷被逗乐了，他回过头来对鹦鹉挥手致意："谢谢你呀，可爱的小精灵，有机会我一定会再来拜访的。"说罢，带着赃物扬长而去。

歇息在屋檐下的麻雀把经过都看在眼里，他一边摇头一边叹息："你真是个'绝顶聪明'的傻瓜！你善于学舌的独门绝技虽然令人钦佩，可你不动脑思考的拙劣表现又是多么令人悲哀呀！"

和爸爸妈妈聊一聊：

鹦鹉的"待客三部曲"指的是什么？

【项目作业三】梳理与探究

请你仔细看一看下面前两幅图中鹦鹉的动作和相应的想法，试着猜一猜第三幅图中鹦鹉的想法吧！

识字补给站

1. 圈出“项目作业一”的古诗中不认识的字，试着自己拼读准确。

2. 积累和“鹦鹉”有关的成语。

yīng wǔ xué shé 鹦鹉学舌　lǜ yī shǐ zhě 绿衣使者　yīng wǔ néng yán 鹦鹉能言

māo shì yīng wǔ 猫噬鹦鹉　qiǎo shé rú huáng 巧舌如簧

牛气冲天

自古以来中国人给予牛许许多多的赞美：勤恳、忠诚、吃苦耐劳……我们前进的路上要发挥孺子牛、拓荒牛、老黄牛的精神。今天，我们就来认识平凡而不平庸的中国“牛”。

活动过程

活动项目：观察牛

活动场所：农场

活动时长：15 分钟

在爸爸妈妈的带领下走近牛棚，仔细看一看：牛的样子、进食的动作。听一听、学一学：牛的叫声。

和爸爸妈妈说一说：你看到的牛是什么样子的？它怎么进食的？

想一想：牛对人类有什么贡献？

也可以问一问爸爸妈妈：牛有几个胃？分别有什么作用？

学习过程

学习目标：

1. 能认真观察牛，了解牛的特点。
2. 能乐于表达自己的想法。

学习项目：

【项目作业一】阅读与鉴赏

和爸爸妈妈一起朗读这首古诗吧！

bìng niú
病牛

sòng lǐ gāng
[宋]李纲

gēng lí qiān mǔ shí qiān xiāng, lì jìn jīn pí shuí fù shāng?
耕犁千亩实千箱，力尽筋疲谁复伤？
dàn dé zhòngshēng jiē dé bǎo, bù cí léi bìng wò cán yáng.
但得众生皆得饱，不辞羸病卧残阳。

★好书推荐★

看一看绘本：《爱花的牛》（罗伯特·劳森/文　曼罗·里夫/图　孙敏/译）

【项目作业二】表达与交流

和爸爸妈妈一起读一读《牛神下凡》，请你听完后，试着把故事讲给家人、好朋友听。

牛神下凡

传说在很久很久以前，牛生活在天上的王宫，他是玉帝殿前的牛神，时常往返于天宫和大地之间。他虽然做事粗心，但是好在十分体恤民间的疾苦。

有一天，地上的农夫托牛神给玉皇大帝传个口信，说是人间寸草不生，十分荒凉，请求玉皇大帝赏赐些草籽给大地，好让大地充满生机。玉皇大帝同意了，便问众神谁愿去人间撒草种。

“玉帝，我愿去人间撒草种。”牛神自告奋勇地说。

“不行不行，你虽然关心人间，可你是个粗心大意的家伙，万一办砸了可就不好了。”玉帝连忙一边摇头一边说。

听到玉帝这么说，牛神更不服气了，铁了心要接下这任务，便用力拍胸脯保证：“请玉帝放心，如果这点小事我都办不好，我牛神甘愿受罚。”耐不过牛神的坚持，玉帝只好同意了牛神的请求，再三叮嘱牛神到人间后，走三步撒一把草籽。

“这么简单的任务我怎么可能做不好！”牛神带着草籽，兴冲冲地走出天宫，在跨出南天门时，不小心跌了一跤，脑袋正撞到了天柱上，撞得满眼冒金星。牛神吃力地爬起来摸摸受伤的脑袋，晕乎乎地自言自语：“走一步撒三把草籽，千万别搞错了！”

就这样到了第二年，只要是有土的地方都长满了野草，农夫根本无法种庄稼。于是他们托灶神告诉玉皇大帝。玉帝召来牛神一问才知道，粗心的牛神是走一步撒三把草籽，把一件好好的事情给办成坏事了。牛神羞愧难当，想起当时自己的保证更是连连自责。

于是牛神跪下向玉帝请求自罚：从此不当天上的牛神，自愿到地上当牲畜，子子孙孙只吃草来帮助农夫除草，祖祖辈辈来帮助农夫干活儿。于是，牛便从九重天上的天宫降落到人间，由于落地时嘴巴朝下，被摔掉了一排上牙。从此，牛便一辈子给农夫当苦力，并且从未停止啃青草。直到今天，它的那排上牙还没有长出来。

牛是个知错即改的好动物。它任劳任怨，勤恳踏实，拉车犁田从不松套，为农夫做了不少工作，博得人们的好评。在排十二生肖的时候，人们都认为牛排第一才是实至名归，如果不是投机取巧的小老鼠藏在牛角上，抢先得了第一名，牛肯定会当上十二生肖的首领呢！

和爸爸妈妈聊一聊：

牛是怎么从天上的牛神变成地上的耕牛的？

【项目作业三】梳理与探究

象形字是古人造字智慧的结晶。你看懂象形字“牛”是怎么来的吗？请你和同学说一说。说完后准备彩笔、彩泥和白色硬纸卡，设计一个创意“牛”字，做完后和同学说一说你的想法。

识字补给站

1. 圈出“项目作业一”的古诗中不认识的字，试着自己拼读准确。

2. 积累和“牛”有关的成语。

niú gāo mǎ dà 牛高马大　niú dāo xiǎo shì 牛刀小试　niú guǐ shé shén 牛鬼蛇神

长寿菜

春时细来秋时粗，有红有绿又有彩。几场雷阵雨后，畦埂场边，不经意间冒出一丛丛苋菜，生机盎然。这一次，让我们一起去认识苋菜吧！

活动过程

活动项目：观察苋菜

活动场所：菜园、超市

活动时长：15 分钟

和爸爸妈妈一起，认真地看一看：苋菜叶的样子。

比一比：苋菜叶和紫苏叶的不同。

和爸爸妈妈说一说：苋菜叶的颜色、形状和紫苏叶有什么不一样？

想一想：购买苋菜时如何判断它是否鲜嫩呢？

也可以问一问爸爸妈妈：为什么苋菜炒熟后的汤汁是红色的？

学习目标：

1. 能对观察苋菜产生兴趣。
2. 能展开合理想象，试着主动发问。

学习项目：

【项目作业一】阅读与鉴赏

和爸爸妈妈一起读一读这首有趣的小诗吧！

竹窗（zhú chuāng）

[宋]王安石（sòng wáng ān shí）

竹窗红苋两三根，山色遥供水际门。
（zhú chuāng hóng xiàn liǎng sān gēn，shān sè yáo gōng shuǐ jì mén。）

只我近知墙下路，能将屐齿记苔痕。
（zhǐ wǒ jìn zhī qiáng xià lù，néng jiāng jī chǐ jì tái hén。）

★好书推荐★

看一看绘本：《红苋菜》（王叔晖 / 画　夏翰 / 编）

【项目作业二】表达与交流

听爸爸妈妈讲一讲故事《红苋菜的传说》。请你听完后，把故事讲给家人、朋友听。

红苋菜的传说

苋菜最早是一种野菜，生长于我国的大江南北。每逢夏季，人们便会到野外挖一些回来，丰富自家餐桌。

传说，很久很久以前，在一个偏僻的村子里住着一名叫“牛棚四娘”的村妇，她为人横行霸道，专门做一些危害街里乡邻的恶事，连别人的看家狗也难逃她的魔爪。朴实的乡亲们不堪其扰，叫苦连天。这事传到了天上的玉帝耳里，玉帝大发雷霆，一怒之下决定惩罚牛棚四娘，把她变成了一条狗。可是这牛棚四娘非但不思悔改，反而变本加厉，变成恶狗后天天狂吠，到处溜达搞破坏。村民们苦不堪言，唯恐避之不及。

一天，晴空万里，牛棚四娘心血来潮溜达到一片绿油油的苋菜地里，看到别人家的苋菜青翠欲滴，长势如此好，顿时起了害人之心。她在苋菜地里四处乱咬乱踩一通，踩断了许多苋菜梗，整片菜地一片狼藉，而她却在一旁得意地狂吠不止。

牛棚四娘的儿子是一个远近闻名的大孝子，经常为母亲善后。当他知道母亲做了如此坏事，心急如焚地奔向苋菜地里为母亲补过。他小心翼翼地扶起一株株苋菜苗，即使被石子割破了手指也毫不在乎，任鲜血滴在断开的苋菜梗上。大概是他的孝心感动了上天，那些断开的苋菜梗居然奇迹般地恢复生机，全活了过来，只是那菜叶菜梗却永远变成了血红色。更让人意外的是，这些红苋菜比原来的青苋菜味道更为鲜美，生命力也更加旺盛了。

苋菜是一种营养价值极高的蔬菜，特别是含有较多的铁、钙等矿物质，同时含有较多的胡萝卜素和维生素C。常言道："六月苋，当鸡蛋；七月苋，金不换。"作为补血佳蔬，人们还亲昵地称其为"长寿菜"呢。

和爸爸妈妈聊一聊：

人们为什么称苋菜为"长寿菜"？

【项目作业三】梳理与探究

按照下图的步骤做几张扎染作品，然后想一想：这些作品可能会怎么比美呢？它们会如何夸耀自己？试着编一编有趣的故事吧！

1. 准备工具：红绿苋菜汁、湿巾、皮筋、小木片……

2. 把湿巾折成任意形状，再用小木片和皮筋缠紧。

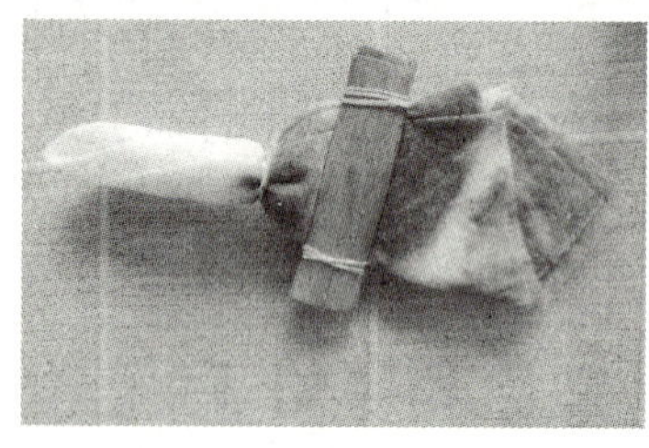

3. 分别将红绿苋菜汁滴在缠好的湿巾上。

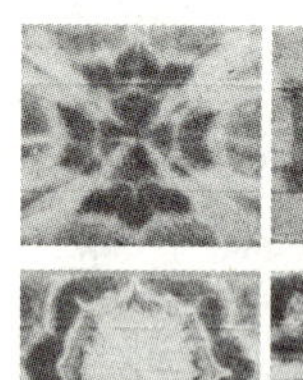
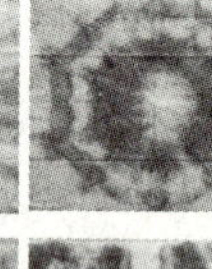
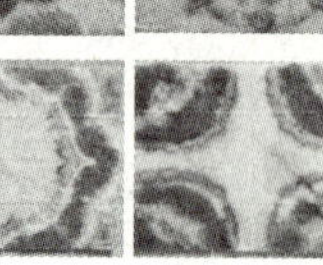
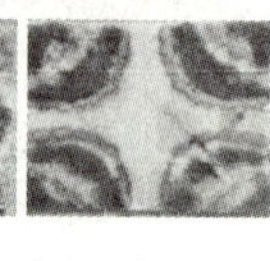

4. 拆除木片和皮筋，展开湿巾。

5. 夹好作品图，晒干。

识字补给站

1. 圈出“项目作业一”的古诗中不认识的字，试着自己拼读准确。

2. 积累形容“苋菜”的四字词语。

chuí xián sān chǐ 垂涎三尺　　xiù sè kě cān 秀色可餐

hóng lǜ xiāng jiàn 红绿相间　　qīng cuì yù dī 青翠欲滴

奇妙的耳朵

每种小动物的耳朵都长得不一样！有的尖，有的圆，还有的长，这一次，让我们一起了解“奇妙的耳朵”吧！

活动过程

活动项目：观察小动物的耳朵

活动场所：动物园或乡下人家

活动时长：15 分钟

和爸爸妈妈一起选择一种或几种小动物，仔细地看一看：耳朵的样子。

和爸爸妈妈说一说几种动物耳朵的形状、大小和颜色，它们的耳朵分别像什么。

用橡皮泥捏一个小动物的耳朵，让爸爸妈妈猜一猜你捏的是哪种小动物的耳朵。

学习目标：

1. 能对观察小动物产生兴趣，了解不同动物耳朵的特点。

2. 能独立思考，展开想象。

学习项目：

【项目作业一】阅读与鉴赏

和爸爸妈妈一起朗读这首有趣的童谣吧！

shuí de ěr duo
谁的耳朵

shuí de ěr duo cháng yòu cháng
谁的耳朵长又长，
shuí de ěr duo duǎn yòu duǎn
谁的耳朵短又短，
shuí de ěr duo xiàng pú shàn
谁的耳朵像蒲扇？

xiǎo tù de ěr duo cháng yòu cháng
小兔的耳朵长又长，
cāng shǔ de ěr duo duǎn yòu duǎn
仓鼠的耳朵短又短，
dà xiàng de ěr duo xiàng pú shàn
大象的耳朵像蒲扇。

shuí de ěr duo jiān yòu jiān
谁的耳朵尖又尖，
shuí de ěr duo yuán yòu yuán
谁的耳朵圆又圆，
shuí de ěr duo zuì yǐn mì
谁的耳朵最隐秘？

xiǎo gǒu de ěr duo jiān yòu jiān
小狗的耳朵尖又尖，
xióng māo de ěr duo yuán yòu yuán
熊猫的耳朵圆又圆，
xī shuài de ěr duo zuì yǐn mì
蟋蟀的耳朵最隐秘。

★好书推荐★

看一看绘本：《如果你有动物的耳朵》（[美]桑德拉·马克尔/著）

【项目作业二】表达与交流

听爸爸妈妈讲一讲《比耳朵》。请你听完后，把故事讲给家人、好朋友听。

比耳朵

一天，森林乐园里聚着三位好友，他们是小猴子、蛇和蝉。玩了一会儿，小猴子提议说：“咱们比赛，看谁的耳朵最灵吧？”

“那还用比，肯定是我的耳朵啦！”蝉胸有成竹地说。

小猴子和蛇听了十分不服气，于是你一言我一语，大声争论起来，谁也不服谁。这时，一只公鸡从这里经过，说：“别争了，用事实说话，我来考考大家！”“对，让公鸡当裁判！”“行，我同意！”

于是，公鸡摘来几张芭蕉叶，先把小猴子的耳朵包起来，接着，又把蛇和蝉的头的两侧也包得严严实实。包完后，公鸡轻轻地说了一句话，问大家：“你们听见我说了什么？”

蛇和蝉一下子就将答案说了出来，只有小猴子不停地挠着脑袋，支支吾吾的一个字也蹦不出来，第一个被淘汰了。

接着进行第二轮比赛，小猴子亲自动手，把蛇和蝉的头全部包了起来。公鸡又轻轻地说了一句话，然后问：“刚才，我说了什么？”公鸡话音刚落，蝉就把刚才的话复述了一遍。

蛇摇摇头，说：“这回我是真的没听清楚！”“现在我宣布比赛结果：蝉的耳朵最灵！”公鸡大声说。

小猴子回到家，对妈妈说：“想不到蝉和蛇的耳朵都比我灵！”猴妈妈问明了情况，笑着说：“傻孩子，你还小，还不知道吧——蝉的耳朵长在肚皮下面，包住他的头，不影响他的听力；蛇是靠口腔腭骨感觉声音的，所以包住他的头两侧，他照样听得见。”

“啊，我还以为他们和我一样，耳朵长在头的两边呢！”小猴子恍然大悟。

和爸爸妈妈聊一聊：

故事中哪些小动物在比耳朵？蝉的耳朵真的最灵吗？

【项目作业三】梳理与探究

耳朵能听到许多声音，说一说你听到的最美的声音。像这些小朋友一样画一画当时的情景吧！

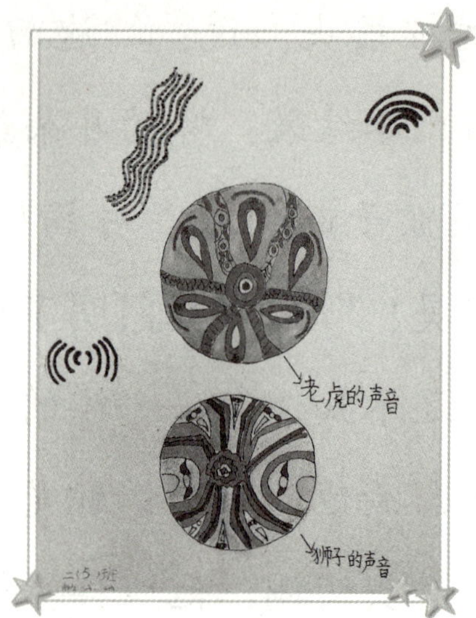

识字补给站

1. 圈出“项目作业一”的童谣中不认识的字，试着自己拼读准确。

2. 积累和“耳朵”有关的成语。

ěr shú néng xiáng　yǎn ěr dào líng　xǐ ěr gōng tīng
耳熟能详　掩耳盗铃　洗耳恭听

jiāo tóu jiē ěr　ěr cōng mù míng
交头接耳　耳聪目明

挂在墙角的“房子”

小蜘蛛是大自然的纺织高手，一根根银丝连成一张张洁白如纱的网，真是奇妙！这一次，让我们一起去探寻挂在墙角的“房子”——蜘蛛网吧！

活动过程

活动项目：观察蜘蛛网

活动场所：老房子墙角或树丛

活动时长：15 分钟

和爸爸妈妈一起找一找蜘蛛网，仔细地看一看：蜘蛛网的形状。

和爸爸妈妈说一说：蜘蛛网长什么样儿？像什么？上面有什么？

想一想：蜘蛛网有什么用处？

也可以问一问爸爸妈妈：蜘蛛是怎么织网的？

学习过程

学习目标：

1. 能对观察蜘蛛网产生兴趣。
2. 能展开想象，能主动发问。

学习项目：

【项目作业一】阅读与鉴赏

和爸爸妈妈一起朗读这首有趣的古诗吧！

yǒng zhī zhū
咏蜘蛛

sòng méi yáo chén
[宋] 梅尧臣

rì jié yì chǐ wǎng， zhī tǔ jǐ chǐ sī。
日结一尺网，知吐几尺丝。
bǎi chóng wéi ěr shí， jiǔ fù cháng kǔ jī。
百虫为尔食，九腹常苦饥。

★好书推荐★

看一看绘本：《嗨哟，嗨哟，小蜘蛛织大网》（[英]蒂姆·霍普古德/著）

【项目作业二】表达与交流

听爸爸妈妈讲一讲《迷宫蛛》。请你听完后，把故事讲给家人、好朋友听。

迷宫蛛

[法]法布尔

会结网的蜘蛛称得上是个纺织能手，它们用蛛网来猎取自投罗网的小虫子们，可谓“坐享其成，得来全不费功夫”。在七月的清晨，每星期我总要去树林里看几次迷宫蛛。

走进树林，不久，我们就发现许多很高的丝质建筑物，丝线上还串着不少露珠，在太阳光的照射下闪闪发光，好像皇宫里的稀世珍宝一般。我们的蜘蛛的迷宫真算得上一个奇观！

在那丛蔷薇（qiáng wēi）花的上方张着一张网，大概有一块手帕（pà）那么大，周围有许多线把它攀（pān）到附近的矮树丛中，使它能够在空中固定住，中间这张网看起来犹如一层又轻又软的纱。网的四周是平的，渐渐向中央凹，到了最中间便变成一根管子，大约有八九寸深，一直通到叶丛中。

蜘蛛就坐在管子的进口处。它对着我们坐着，一点儿也不惊慌(huāng)。它的身体是灰色的，胸(xiōng)部有两条很阔的黑带，腹(fù)部有两条细带，由白条和褐(hè)色的斑(bān)点相间排列而成。在它的尾部，有一种“双尾”，这在普通蜘蛛中是很少见的。

迷宫蛛不像别的蜘蛛那样可以用黏性的网作为陷阱(xiàn jǐng)，它的丝是没有黏性的，它的网妙就妙在它的迷乱。你看那只小蝗(huáng)虫，它刚刚在网上落脚，便由于网摇曳(yáo yè)不定，根本没法让自己站稳，一下子陷了下去。它开始焦躁(jiāo zào)地挣(zhēng)扎(zhá)，可是越挣扎陷得越深，好像掉进了可怕的深渊一样。蜘蛛待在管底静静地张望着，看着那倒霉(dǎo méi)的小蝗虫垂死挣扎，它知道，这个猎物马上会落到网的中央，成为它的盘中美餐(cān)。

和爸爸妈妈聊一聊：

迷宫蛛的网和其他蜘蛛网有什么不同？它的网是怎么捕捉小虫子的？

【项目作业三】梳理与探究

想一想你还知道哪些昆虫、植物捕捉虫子的方式，请和爸爸妈妈一起说一说，再选择一种昆虫或植物的捕食情景画一画。

识字补给站

1. 圈出“项目作业一”的古诗中不认识的字，试着自己拼读准确。

2. 积累和“蜘蛛网”有关的成语。

zhū sī mǎ jì　zhū wǎng chén fēng　zhū sī bǔ qiǎo
蛛丝马迹　蛛网尘封　蛛丝卜巧

zhū yóu tiáo huà　zhū sī méi wěi
蛛游蜩化　蛛丝煤尾

可爱的蚕宝宝

又白又胖的蚕宝宝，小小的，可爱极了。它们常常在绿油油的桑叶上悠闲地散步、进食、吐丝……多么有趣啊！这一次，让我们一起进行“可爱的蚕宝宝”的学习吧！

活动项目：观察蚕宝宝

活动场所：花鸟市场

活动时长：15 分钟

和爸爸妈妈一起，仔细地看一看：蚕宝宝的样子、身体部位。

和爸爸妈妈说一说：蚕宝宝是什么样子的？它像什么？身体有哪些部位？

想一想：蚕宝宝的脚有什么作用？

也可以问一问爸爸妈妈：蚕宝宝为什么会吐丝？

学习过程

学习目标：

1. 能留心观察，了解蚕宝宝。
2. 能展开想象，能主动发问。

学习项目：

【项目作业一】阅读与鉴赏

和爸爸妈妈一起朗读这首古诗吧！

yǒng cán
咏蚕

táng jiǎng yí gōng
［唐］蒋贻恭

xīn qín dé jiǎn bù yíng kuāng, dēng xià sāo sī hèn gèng cháng
辛勤得茧不盈筐，灯下缫丝恨更长。
zhuó chù bù zhī lái chù kǔ, dàn tān yī shāng xiù yuān yang
著处不知来处苦，但贪衣上绣鸳鸯。

★好书推荐★

看一看绘本：《诞生了！蚕》（[日]新开孝/摄影 [日]小杉美野里/文 彭懿/译）

【项目作业二】表达与交流

听爸爸妈妈讲一讲《嫘祖缫丝》。请你听完后，把故事讲给家人、好朋友听。

嫘祖缫丝（léi sāo）

传说中嫘祖是我国远古时代的帝王黄帝的妻子。她是一个非常勤劳、贤惠的女人。她不仅会处理家中琐碎的事务，还帮助黄帝处理国家大事，最了不起的是，她教会了老百姓养蚕、治丝。

那时候老百姓穿的都是用苎（zhù）麻织成的衣服。这种衣服又硬又重，颜色也不鲜艳漂亮。而大地上有一个蚕神，他每天都在大桑树上，不停地吐着银白闪亮的细丝，但是人们根本不知道这样的细丝可以用来做衣服。有一次，黄帝打了大胜仗，善良的蚕神把吐的丝作为礼物送给了黄帝。黄帝不以为意地把蚕丝拿给妻子嫘祖。但是当嫘祖看到蚕丝质地柔软、轻盈如舞、薄如蝉翼时，她高兴极了，便用这些丝制衣。她看着织出的衣服在阳光下闪着银光，穿上后更是轻若浮云，十分满意，就试着养蚕。她亲自养了许多蚕宝宝，每天不辞辛劳地采摘桑叶，精心喂养这些蚕宝宝。过了些时日，蚕宝宝慢慢长大了，吐下很多很多的银丝。嫘祖又用这些蚕丝织绢，做出一件件美丽的衣服。老百姓们得知后，也都纷纷来向她讨取经验，嫘祖就把这方面的技术耐心地教给他们。这样，养蚕便在中国盛行起来，丝绸也就成了中国的特产。

和爸爸妈妈聊一聊：

你从故事中了解到是谁最早用蚕丝来制衣的？这些用蚕丝制成的衣服有什么特点？

【项目作业三】梳理与探究

请爸爸妈妈和你一起看一看录像片《蚕的一生》。看完录像片后，请你给下列蚕宝宝的四个生长过程排一排顺序，用手指指一指，一边指一边试着用自己的话把蚕的生长过程说一说。

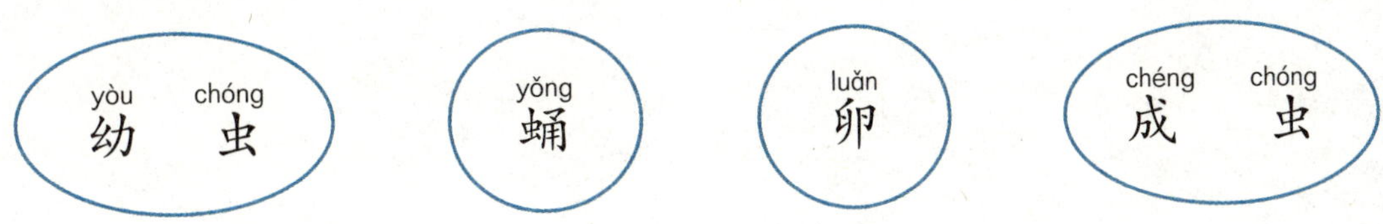

识字补给站

1. 圈出“项目作业一”的古诗中不认识的字，试着自己拼读准确。

2. 积累和“蚕”有关的词语。

cán yǒng	cán sāng	cán jiǎn	cán sī	cán shā
蚕蛹	蚕桑	蚕茧	蚕丝	蚕沙

千奇百怪的石头

真的太神奇了！大自然孕育出来的石头千奇百怪，有的像仙桃，有的像猴子，还有的像大公鸡，真是有趣。在我们身边会不会也有各种形状的石头呢？让我们一起去找一找有趣的石头吧！

活动过程

活动项目：观察石头

活动场所：公园

活动时长：15 分钟

和爸爸妈妈一起捡一捡石头，看一看：石头的样子。

和爸爸妈妈说一说：你找到的石头长什么样？它们分别像什么？

再给这些石头取一取名字，介绍给爸爸妈妈听。

想一想：为什么石头会有不同的形状和颜色？

也可以问一问爸爸妈妈：有些石头会“唱歌”，是为什么呢？

学习过程

学习目标：

1. 能对观察石头感兴趣。
2. 能发挥想象，根据事物进行联想。

学习项目：

【项目作业一】阅读与鉴赏

和爸爸妈妈一起朗读这首有趣的古诗吧！

luàn shí yín
乱石吟

sòng shào yōng
［宋］邵雍

tiān jīn duō luàn shí, shí lǐ xián xún mì
天津多乱石，石里闲寻觅。
zhēn yù gù nán qiú, sì yù yì nán dé
真玉固难求，似玉亦难得。

tú yǒu lù lù qīng　　yì yǒu lín lín bái
徒有碌碌青，亦有磷磷白。
nài wú qīng yuè shēng　　gèng wú wēn rùn sè
奈无清越声，更无温润色。

★好书推荐★

看一看绘本：《石头佩特拉》（[意]玛丽安娜·科波/著）

【项目作业二】表达与交流

听爸爸妈妈讲一讲《望夫石》。请你听完后，把故事讲给家人、好朋友听。

望夫石

在淮河边有一块形状奇特的石头，它的模样就像一位妻子背着孩子，向远处张望。它有一个十分特别的名字：望夫石。这个特别的名字是从一个古老的故事中传下来的。

四千多年以前，黄河经常发生河水泛滥的事情，庄稼被淹没，房屋被冲毁，周围的百姓都苦不堪言。为了治理黄河，当时的首领尧命令鲧来治理洪水。鲧通过修筑大坝来围堵洪水，可却被洪水一次次冲垮，鲧一直到去世也没有治理好洪水。鲧的儿子禹继承父亲的志向，决心根治洪水，让老百姓们过上安稳的生活，于是便离家治水了。

禹这一离家，就是十三年。在这十三年里，禹曾经三次路过家门，但都没有回家看一看。禹十分想念自己的妻子和孩子，可是他担心自己一旦回到了家里，就再也没有勇气走出家门去治理洪水了，于是每一次他都选择不进家门，直接赶往下一个需要治理的地方。

禹的妻子一个人在家带着孩子，也十分地想念丈夫。她知道自己的丈夫是去治理河水泛滥的问题，她便每天背着孩子来到河边，看看丈夫是不是在附近治理河水，这样就能和丈夫见上一面。没有看到丈夫的她也不灰心，她会再看看河水有没有被治理好。只要河水泛滥的问题被治理好了，她的丈夫也就快回来了。

就这样日复一日，禹的妻子每天都要站在岸边等待丈夫，慢慢地，她化成了一块石头，一直站在岸边等着丈夫回来。这就是望夫石。

和爸爸妈妈聊一聊：

故事中介绍了一块怎样的石头？它的名字是怎么来的呢？

【项目作业三】梳理与探究

请你看一看下面的创意拼贴画，先说一说它们是怎么做成的，再想一想自己捡来的石头可以做成什么。和爸爸妈妈说一说你的创意，再做一做创意拼贴画吧！

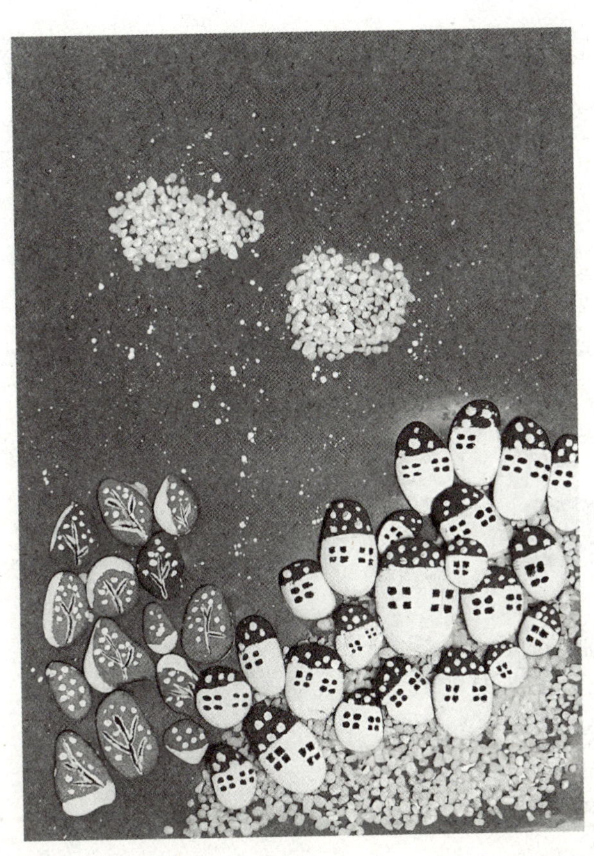

识字补给站

1. 圈出“项目作业一”的古诗中不认识的字，试着自己拼读准确。

2. 积累生活中形容“石头”的词语。

dī shuǐ chuān shí	shuǐ luò shí chū	jiān rú pán shí
滴水穿石	水落石出	坚如磐石

爬墙高手

“青藤弯弯细又长，绿叶密密两相傍；藤上长出胡须卷，轻轻松松爬高墙。”你知道这是说的什么植物吗？是的，它就是生活中随处可见的爬山虎，这一次，就让我们一起去了解一下吧！

活动过程

活动项目：观察爬山虎

活动场所：公园、植物园

活动时长：15 分钟

和爸爸妈妈一起，仔细地看一看：爬山虎贴在墙上的“脚”。

和爸爸妈妈说一说：爬山虎的“脚”长什么样？

想一想：这种植物为什么会被叫作“爬山虎”？

也可以问一问爸爸妈妈：爬山虎在古时候叫什么名字？

学习目标：

1. 能对爬山虎为什么会爬墙产生兴趣。
2. 能展开丰富的想象，试着主动发问。

学习项目：

【项目作业一】阅读与鉴赏

和爸爸妈妈一起读一读这首古诗吧！

luò huā shī jié xuǎn
落花诗（节选）

míng táng yín
［明］唐寅

táo huā jìng jìn xìng huā kōng, kāi luò nián nián yuē lüè tóng
桃花净尽杏花空，开落年年约略同。
zì shì jié lín sān yuè mù, hé xū rén hèn wǔ gēng fēng
自是节临三月暮，何须人恨五更风？

pū yán zhí pò lián yī bì, shàng qì rú qī dì jǐn hóng.
扑檐直破帘衣碧，上砌如欺地锦红。
shí xiàng yà luó fāng pà lǐ, yuān yāng yí duì zhèng dāng zhōng.
拾向砑罗方帕里，鸳鸯一对正当中。

★好书推荐★

看一看绘本：《植物观察笔记》（张培华 / 著）

【项目作业二】表达与交流

听一听爸爸妈妈讲的《爬山虎和墙》。请你听完后，把故事讲给家人、好朋友听。

爬山虎和墙

爬山虎和墙是经常生活在一起的邻居，但是他们却经常吵架。这不，他们刚刚又开始了一场激烈的口水战。

墙壁委屈地说：“你每天在我身上爬呀长呀长，那根须把我抓得死死的，我浑身被你堵死了，不能痛快地呼吸，我真的好烦你啊！你能不能不要再在我身上爬了呀！”

爬山虎不服气地说：“哼，即使不靠你，只要有阳光和雨露，我照样也能成长！”

墙壁扯着嗓子对爬山虎大声吼道：“那好！你赶紧离开我！离开我！我一天也不想再看到你了！如果不是因为你，我就能每天和蝴蝶妹妹、蜜蜂姐姐一起聊天，和蚂蚁、蜗牛、蜘蛛一起下棋，而且人们记住的是我干净的脸庞，如果没有你……”

爬山虎一听，把他的根须全部拉着离开了墙壁。他想：终于不用听那面破墙的唠叨了。

墙壁和爬山虎分开之后，没有了爬山虎绿油油的背景色，再也没有人来和墙壁拍照合影了。蝴蝶、蜜蜂也只是路过，再也没有停留下来，墙壁觉得很孤独。而爬山虎呢，因为没有墙壁这个很好的伙伴做支撑，再也没有站起来过。

和爸爸妈妈聊一聊：

爬山虎能为墙做些什么？墙能为爬山虎提供什么？

【项目作业三】梳理与探究

你喜欢爬山虎的哪个部位？叶子，还是“脚”？为什么？请说一说你的理由。再把你观察到的爬山虎画一画吧！也可以试着画出不同季节的爬山虎哦！

识字补给站

1. 圈出“项目作业一”的古诗中不认识的字，试着自己拼读准确。

2. 积累形容“爬山虎”的成语。

zhī fán yè mào 枝繁叶茂　fēi yán zǒu bì 飞檐走壁　zhī zhī màn màn 枝枝蔓蔓

bù qū bù náo 不屈不挠　yù yù cōng cōng 郁郁葱葱

夏日里的天才歌手

夏日来到，停在树梢。天才歌手，爱吹口哨。你听他唱，“知了，知了”。你瞧，池塘边的榕树上，我们的夏日歌唱家——蝉，正在一声声地叫着夏天。今天就让我们一起去采访蝉吧！

活动过程

活动项目：观察蝉

活动场所：树木旁或昆虫博物馆

活动时长：15 分钟

和爸爸妈妈一起，仔细地看一看：蝉的样子。

认真听一听：蝉的叫声。

和爸爸妈妈说一说：蝉长什么样子？它的叫声像什么？

想一想：蝉是怎么发出声音的？

也可以问一问爸爸妈妈：蝉平时喜欢吃什么？

学习过程

学习目标：

1. 能留心观察蝉，感受动物生长的神奇和美好。
2. 能大胆表达自己的感受，主动发问。

学习项目：

【项目作业一】阅读与鉴赏

和爸爸妈妈一起朗读这首诗歌吧！

chán
蝉

táng　　lǐ shāng yǐn
［唐］李商隐

běn yǐ gāo nán bǎo，tú láo hèn fèi shēng
本以高难饱，徒劳恨费声。
wǔ gēng shū yù duàn，yí shù bì wú qíng
五更疏欲断，一树碧无情。

bó huàn gěng yóu fàn，gù yuán wú yǐ píng。
薄宦梗犹泛，故园芜已平。
fán jūn zuì xiāng jǐng，wǒ yì jǔ jiā qīng。
烦君最相警，我亦举家清。

★好书推荐★

看一看绘本：《蝉的日记》（陈梦敏/著　王超/绘）

【项目作业二】表达与交流

听爸爸妈妈讲一讲《蝉》。请你听完后，把故事讲给家人、好朋友听。

蝉

［法］法布尔

关于蝉，有这样一则寓言——

整个夏天，蝉除了唱歌，什么都不做。而勤劳的蚂蚁却整日寻找粮食，为冬天做准备。冬天到了，蝉快要饿死了，只好跑到邻居蚂蚁那里借粮食。

蚂蚁说："夏天的时候，你为什么不提早储备粮食呢？"

蝉说："夏天我在唱歌呀。"

"是吗？"蚂蚁讽刺地说，"那好啊，你现在可以跳支舞了。"

看到这则寓言的人都会认为蝉是大懒虫。实际上恰恰相反，蝉从来不会到蚂蚁门前去乞求食物。反倒是有时候，蚂蚁饿坏了，会恳求蝉给自己一点儿吃的。这么说也不确切。准确地说，蚂蚁是去抢食物的。

7月，天气炎热，但蝉的日子并不难过，因为它胸部有一个精巧的吸管，像锥子一样尖利，可以刺穿树皮，饮用大树的汁液，又凉爽又甘甜，就像在树上打了一口井。

在炎热的夏日，这口井是很诱人的，附近的昆虫都会跑过去舔食井里流出的汁液。这些昆虫有黄蜂、苍蝇、玫瑰虫等，数量最多的就是蚂蚁了。

我曾亲眼见过蚂蚁咬着蝉的腿，拖住它的翅膀，爬上它的后背，甚至抓住蝉的吸管，想把它拔掉。蚂蚁越来越多，蝉不胜其扰，无可奈何之下只好抛弃自己打的井走了。于是蚂蚁的目的达到了，它们占有了这口井。但是，井很快就会干枯。不过也没关系，它们会继续寻找第二口井、第三口井……

亲爱的读者，你现在明白了吧，事实是和这则寓言相反的——蚂蚁是卑劣的强盗，蝉才是辛苦的劳动者呢！

和爸爸妈妈聊一聊：

蝉是怎样吸食树的汁液呢？为什么法布尔说“蚂蚁是卑劣的强盗，蝉才是辛苦的劳动者”？

【项目作业三】梳理与探究

请你准备油画棒、超轻黏土、卡纸、剪刀，先看一看下面的创意画，再试着做一做。看一看自己的作品，跟爸爸妈妈说一说：夏天到了，小蝉们会在树上唱一支什么样的歌曲呢？它们会聊些什么呢？

识字补给站

1. 圈出“项目作业一”的诗歌中不认识的字，试着自己拼读准确。

2. 积累和“蝉”有关的成语。

táng láng bǔ chán, huáng què zài hòu
螳螂捕蝉，黄雀在后

jīn chán tuō qiào
金蝉脱壳

jìn ruò hán chán
噤若寒蝉

chán bù zhī xuě
蝉不知雪

chán fù guī cháng
蝉腹龟肠

参考答案

柳色青青

【项目作业二】表达与交流

故事中的介子推给我留下了深刻的印象。我想对他说："你不愿争夺名利，真是好样的。"

【项目作业三】梳理与探究

湖边有一棵柳树，绿绿的，高高的。它垂下柔软的柳条，随着风儿轻轻地摆动，好像爱美的小女孩在梳长发。

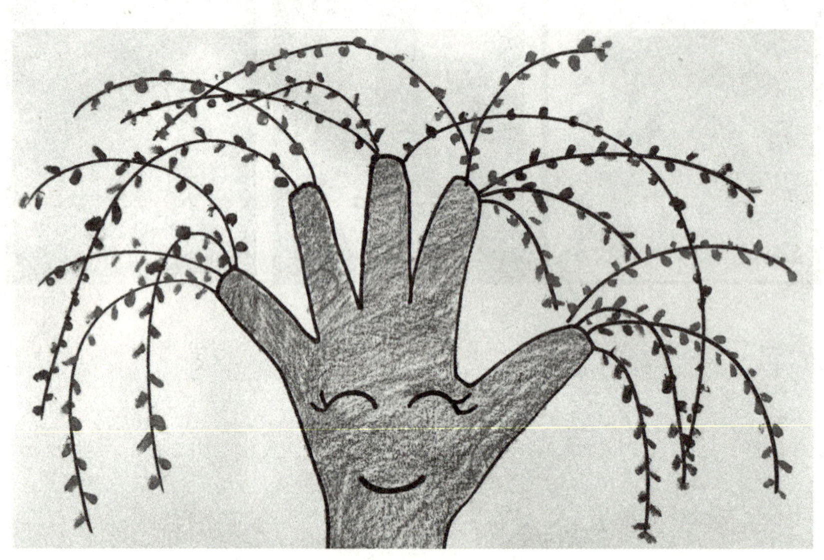

桃花朵朵开

【项目作业二】表达与交流

因为财主十分贪婪，他想用铁钩把黄灵龟抓走，把这只黄灵龟占为己有，这样遇到干旱季节，就可以向前来祈祷的村民们收钱。黄灵龟不愿意让这样贪财的人得逞，所以就飞上了天空，再也不回来了。

【项目作业三】梳理与探究

阳春三月，桃花怒放，远远望去，好像朝霞来到了地面。近看，桃花在枝头一串一串地开着，挤挤挨挨，充满了生机。有深红的、浅红的、纯白的，散发着淡淡的清香。一阵风吹过，花瓣纷纷飘落，像飞舞的蝴蝶，又像飘落的雪花，美丽极了。

春天吃茶去

【项目作业二】表达与交流

因为神农第一次品尝茶汤时，感到汁液在肚内到处流动，好像一位搜查官在肚子里“查来查去”，把肠胃里的脏东西清洗得十分干净，于是神农把这些小小的绿叶命名为“茶”。

【项目作业三】梳理与探究

茶叶一开始是卷卷的，一小条一小条的。热水冲下去以后，叶子就舒展开来，变成一片一片的，还会在水里打转。（仅供参考）

探秘春笋

【项目作业二】表达与交流

孟宗为了治好母亲，一个人冒着大雪上山找竹笋，一开始没找到，他急哭了。谁知这时候雪地中竟然长出了竹笋，最后，孟宗将挖出的竹笋煮成了竹笋汤，母亲喝了竹笋汤，身体逐渐好了起来。

【项目作业三】梳理与探究

从下往上一片片剥很有趣，可以剥下一片片的笋衣。从上往下一起剥，一下子就看到剥出来的笋。我认为从上往下一起剥的方式更快。

长在树上的蔬菜

【项目作业二】表达与交流

因为香椿芽只在谷雨前后这段时间最嫩，适合食用。而刘邦希望香椿芽能一直作为桌上的美食，所以他说“香椿长春”。

【项目作业三】梳理与探究

葱油拌面吃起来有炸过的葱香味；花生酱拌面吃起来甜甜的；而香椿拌面的味道有点奇怪，香味很浓，吃进嘴里一开始是涩涩的，之后会有植物的清香和点点回甘。

“莓”好时光

【项目作业二】表达与交流

叶儿先是慢慢长大，小小的苗儿不断长高，越长越壮。后来，小草莓开花了，小小的花儿凋谢后，出现了一颗绿豆般的小疙瘩。小绿疙瘩一天天长大，颜色也慢慢变浅，成了豌豆那么大的小果儿了。小果儿越长越大，长得像蚕豆一样大，朝外的一面开始发红。最后，小草莓成熟了，头儿尖尖的，果儿大大的，红得发亮，衬着绿色的叶子，美丽极了。

【项目作业三】梳理与探究

重在体会动手实践、发挥想象力的乐趣。

碧波粼粼

【项目作业二】表达与交流

如：何仙姑给我留下了最深刻的印象，她居然能用荷花变出一艘船，一定很美，我好想坐坐这艘荷花船。

如：我想随便摘下一片树叶，吹一口仙气就能变成树叶船过海了！（答案不限，言之有理即可）

【项目作业三】梳理与探究

海水装在杯子里是透明的，可是我们平时看到的却是蓝色的。海水本是无色、透明的，我们看到的大海是蓝色的，是因为光的反射作用。

贝壳历险记

【项目作业二】表达与交流

我觉得这是一只坚毅、勇敢、有耐心的小贝壳。

能孕育出美丽的珍珠，是因为小贝壳默默包裹住小石子，用力呼吸，奋力成长，耐心等待。

【项目作业三】梳理与探究

我画的是春天的花园。春天来了，五颜六色的蝴蝶在花园里自由自在地舞蹈，它们一会儿和小草聊聊天，一会儿和小花做游戏，快活极了！

横行霸道的“剪刀手”

【项目作业二】表达与交流

因为普松贪玩，没有把螃蟹带回家里，所以挨了打。普松没有认识到自己的错误，既不了解螃蟹沙洞的情况，捉螃蟹时也没有耐心，轻易动手捉才会被夹了手指。

【项目作业三】梳理与探究

我用螃蟹壳来做老虎妈妈和小老虎的头，再用卡纸做老虎的身子和草丛。

我想到了这样的画面：草丛里传来老虎爸爸的吼声和脚步声，老虎妈妈和小老虎赶紧从草丛中探出头来。远处老虎爸爸的身影出现了，小老虎欢喜地对妈妈说：“妈妈，妈妈！爸爸回家了。”

口齿伶俐的小精灵

【项目作业二】表达与交流

当客人来到时，说“欢迎光临”；当主人递茶时，说“不必客气”；当客人离开时，说“欢迎再来”。

【项目作业三】梳理与探究

鹦鹉想表达的想法是“摸摸我”。（言之有理即可）

牛气冲天

【项目作业二】表达与交流

牛神到人间播撒草种，由于摔倒撞到了天柱上，晕乎乎地记错了玉帝的嘱咐，将“走三步撒一把草籽”记成“走一步撒三把草籽”，导致人间遍生杂草。牛神为了弥补错误，自愿成为地上的牲畜耕牛，为人类除草耕地。

【项目作业三】梳理与探究

主要考察孩子的动手能力和想象能力，能根据自己的想象画出或者捏出创意的“牛”即可。做完后能和同学清楚地表达自己的想法即可。

长寿菜

【项目作业二】表达与交流

因为苋菜营养价值极高，含有较多的铁、钙等矿物质，同时含有较多的胡萝卜素和维生素C，作为补血佳蔬，人们亲昵地称其为“长寿菜”。

【项目作业三】梳理与探究

言之有理即可，重在体会乐趣。

奇妙的耳朵

【项目作业二】表达与交流

故事中小猴子、蛇和蝉在比耳朵。

蝉的耳朵不是最灵的，因为蝉的耳朵长在肚皮下，没有被小公鸡包住，自然它就听得清啦。

【项目作业三】梳理与探究

重在孩子个人的体验。

挂在墙角的“房子”

【项目作业二】表达与交流

迷宫蛛的丝没有黏性，它不像别的蜘蛛那样可以用黏性的网作为陷阱。

小虫子在迷宫蛛的网上落脚，便由于网摇曳不定，根本没法让自己站稳，一下子陷了下去。它开始焦躁地挣扎，可是越挣扎陷得越深，好像掉进了可怕的深渊一样。

【项目作业三】梳理与探究

例如：捕蝇草是依靠把整片叶子迅速合拢来捕捉虫子，在捕获小虫子后，它的叶子会分泌一种液体将小虫子消化掉。

可爱的蚕宝宝

【项目作业二】表达与交流

故事中是嫘祖最早用蚕丝制衣的。

蚕丝制成的衣服在阳光下闪着银光，穿上后感觉轻若浮云。

【项目作业三】梳理与探究

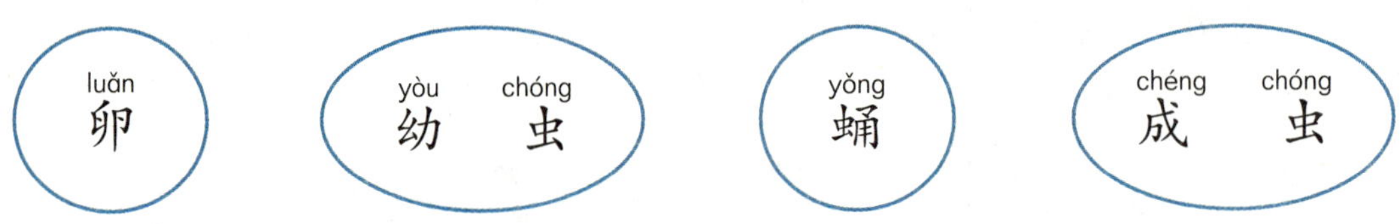

蚕宝宝生长过程分为卵、幼虫、蛹和成虫四个阶段。蚕卵经过一到两周时间，变得透明，这时候蚕很快就要在卵中孵化了。卵中孵化的幼虫，一共要经过四次蜕皮，成为幼虫后开始吐丝结茧。幼虫几天后就能结一个完整的茧，并在茧中完成最后一次蜕皮，成为蛹。再过十天左右，蛹羽化成蚕蛾，破茧而出。这就是蚕的一生。（能正确说出主要的四个生长过程即可）

千奇百怪的石头

【项目作业二】表达与交流

故事中介绍了一块模样像妻子背着孩子的石头，它的名字是从一个古老的故事中传下来的。

【项目作业三】梳理与探究

图片上的创意拼贴画是先在白色的石头上画上屋顶和窗户，就变成了一座座小房子。再给一些白色的石头涂上绿色的颜料，画上花纹，就变成一棵棵小树。碎碎的小石子还可以拼成天上的白云。

我捡来的石头有圆的、方的，还有三角形的。我可以用几颗小石子拼成一个人的形状，圆圆的石头就像人的小脑袋，三角形的石头就像可爱的小裙子，椭圆形的石头可以用来当手和脚……（重在体验乐趣）

爬墙高手

【项目作业二】表达与交流

爬山虎能为墙提供漂亮的颜色，吸引很多小动物以及行人。

墙能为爬山虎提供有力的支撑，爬山虎爬行的时候不会往下掉。

【项目作业三】梳理与探究

说说喜欢哪个部位，简单说一说理由，如：喜欢叶子的颜色，喜欢“脚”的形状。（重在体验乐趣）

夏日里的天才歌手

【项目作业二】表达与交流

蝉吸食树的汁液的方法：蝉的胸部有一个精巧的吸管，像锥子一样尖利，可以刺穿树皮，饮用大树的汁液，又凉爽又甘甜，就像在树上打了一口井。

法布尔说“蚂蚁是卑劣的强盗，蝉才是辛苦的劳动者”，是因为蝉辛辛苦苦“打井”，可是蚂蚁却咬着蝉的腿，拖住它的翅膀，爬上它的后背，甚至抓住蝉的吸管，想把它拔掉，最后把“井”抢走了。

【项目作业三】梳理与探究

夏天到了，这是蝉儿们最快活的季节。它们攀上高高的树枝，展示自己美妙的歌喉。有的蝉唱着一支赞美夏天的歌曲，有的蝉歌唱在地里生活的时光，还有的蝉和伙伴们讨论哪棵树上的汁液最甜美。